DISCURSOS DA REVOLUÇÃO

Série Marxismo do Terceiro Mundo

Editores:
Vijay Prashad
Mikaela Nhondo Erskog
Miguel Yoshida

THOMAS SANKARA

DISCURSOS DA REVOLUÇÃO

Tradução
Dominique Guhur
Ana Corbisier

1ª edição
Expressão Popular
São Paulo – 2023

Copyright © 2023, by Editora Expressão Popular Ltda.

Produção editorial: Miguel Yoshida
Tradução: Dominique Guhur e Ana Corbisier
Revisão: Lia Urbini e Camila Grande
Projeto gráfico e diagramação: Zap Design
Capa: Rhuan Oliveira
Impressão e acabamento: Paym

Dados Internacionais de Catalogação na Publicação (CIP)

S227d   Sankara, Thomas

Discursos da revolução: Thomas Sankara / Thomas Sankara ; traduzido por Dominique Guhur e Ana Corbisier. – São Paulo : Expressão Popular, 2023.
168 p.

ISBN: 978-65-5891-118-0

1. Revolução social. I. Guhur, Dominique. II. Corbisier, Ana. III. Título.

CDD: 321
CDU: 327.3

André Queiroz – CRB-4/2242

Todos os direitos reservados.
Nenhuma parte deste livro pode ser utilizada ou reproduzida sem a autorização da editora.

1ª edição: novembro de 2023
1ª reimpressão: outubro de 2024

EDITORA EXPRESSÃO POPULAR
Alameda Nothmann, 806 – Campos Elíseos
CEP 01216-001 – São Paulo - SP
livraria@expressaopopular.com.br
www.expressaopopular.com.br
 ed.expressaopopular
 editoraexpressaopopular

Sumário

NOTA DA TRADUÇÃO 7
Dominique Guhur

SANKARA E A CORAGEM DE INVENTAR O FUTURO 11
Luiza Ferreira Flores

CRONOLOGIA 23

DISCURSO DE ORIENTAÇÃO POLÍTICA 37

DISCURSO DO COMANDANTE THOMAS SANKARA
NA 39ª SESSÃO ORDINÁRIA DA ASSEMBLEIA
GERAL DAS NAÇÕES UNIDAS 77

SALVAR A ÁRVORE, O MEIO AMBIENTE E A PRÓPRIA VIDA 103

O FRANCÊS PERMITE NOSSA COMUNICAÇÃO COM OUTROS
POVOS EM LUTA 113

A LIBERTAÇÃO DA MULHER: UMA EXIGÊNCIA DO FUTURO 119

AS IDEIAS NÃO SE MATAM 159

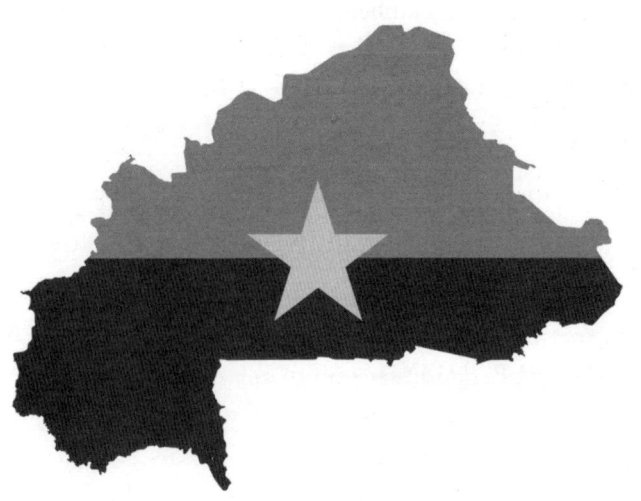

Nota da tradução

Dominique Guhur

Receber a grata incumbência de traduzir textos de um ser humano da boniteza de Thomas Sankara é o sonho de qualquer tradutor militante que se preze. Por isso, a presente tradução envolveu muita dedicação, profissionalismo, compromisso e, acima de tudo, imensa alegria!

Realizar essa tarefa com a qualidade necessária demandou uma considerável pesquisa a fontes diversificadas, oficiais e acadêmicas, que proporcionaram alguns aprendizados sobre a memorável experiência da Revolução Burquinabê. As notas de rodapé resultantes procuram situar minimamente a leitora e o leitor com relação aos principais acontecimentos e às grandes questões daquele momento histórico, convidando a ir mais a fundo e a buscar por mais conteúdos em obras de autores especializados.

Cabe destacar que os textos que compõem esta coletânea são discursos de Thomas Sankara pronunciados em eventos públicos. Constituem uma modalidade específica de comunicação, da qual um grande orador como Sankara utilizava-se muito bem, valendo-se de estratégias próprias da oralidade para chamar a atenção de seus interlocutores (como a repetição de ideias que desejava destacar e a utilização de frases muito curtas), mas também colocam alguns desafios especiais para a tradução.

Em primeiro lugar, é importante ter em consideração a forma como esse material chega até nós. "As ideias não se matam: uma homenagem ao Che", um de seus últimos discursos, tem como base uma transcrição com uma nota advertindo que alguns trechos de sua fala eram pouco audíveis, e que, portanto, existem lacunas no texto original, as quais procuramos contornar para transmitir da melhor maneira possível o sentido geral.

Em segundo lugar, circulam versões um pouco diferentes de alguns discursos, mesmo sendo as alterações pouco numerosas. O "Discurso de Orientação Política", elaborado em um curto espaço de tempo e a várias mãos, e difundido em cadeia nacional de rádio e televisão, foi transformado em uma publicação oficial do governo revolucionário burquinabê. No entanto, no registro em áudio (ao qual tivemos acesso), Thomas Sankara utiliza termos que não se encontram no texto, como "classes fundamentais", "contradições" e "científico", que possivelmente denotavam algumas divergências internas no seio do grupo dirigente.

Finalmente, e talvez o mais importante, Thomas Sankara, africano, burquinabê, utiliza a língua francesa para se "comunicar com outros povos em luta", como diz de forma magistral em seu discurso sobre a francofonia. Esse francês que utiliza não é exatamente o mesmo falado na França, onde os falantes estão distantes e até alheios aos desafios dos povos em luta contra o imperialismo nos outros continentes. Sankara utiliza uma linguagem atenta à história da "Terra das pessoas íntegras"[1] e à cultura do seu povo, ao mesmo tempo mais militante, poética e práxica, a qual procuramos transmitir o mais fielmente possível.

---

[1] Nas comemorações do primeiro ano do triunfo da Revolução, em 1984, o país – que era chamado de Alto Volta desde o período colonial – passa a ser conhecido como Burkina Faso, nome que combina duas das línguas faladas no território, o mossi e o dyula, significando "Terra das pessoas íntegras".

O discurso sobre a Libertação das mulheres, traduzido por Ana Corbisier, é também um exemplo dos desafios enfrentados pela Revolução Burquinabê no avanço a uma sociedade emancipada. Como bem coloca Sankara, ou efetiva-se a libertação também das mulheres ou não se concretiza a revolução.

Esperamos que a tradução oferecida da presente coletânea com que nos brinda a Editora Expressão Popular possa transmitir um pouco da grandiosa luta do povo burquinabê, da profundidade do pensamento de Thomas Sankara e das qualidades humanas desse grande revolucionário.

Boa leitura!

Referência principais (em relação à Revolução Burquinabê)

JAFFRÉ, Bruno. *Biographie de Thomas Sankara: La patrie ou la mort...* (éd. revue et augmentée). Paris: Harmattan, 2007.

LALSAGA, K. *Marcel Marie Anselme*. Les Comités de Défense de la Révolution (CDR) dans la politique du Conseil National de la Révolution (CNR) de 1983 a 1987: une approche historique à partir de la ville de Ouagadougou. Universidade de Uagadugu (Dissertação de Mestrado), Uagadugu, 2007.

MCFARLAND, Daniel Miles; RUPLEY, Lawrence. Historical Dictionary of Burkina Faso. *African Historical Dictionaries n. 74*. 2. ed. Lanham, USA: Scarecrow Press, 1998.

ZIEGLER, Jean; RAPP, Jean-Philippe. *Thomas Sankara:* Un nouveau pouvoir africain. Lausanne, Suisse: Pierre-Marcel Favre/ABC, 1986.

Sugestão de site:

www.thomassankara.net/?lang=pt-pt

Site contendo grande diversidade de textos, documentos, imagens e vídeos relacionados a Thomas Sankara, alguns traduzidos para o português ou espanhol.

Sankara e a coragem de inventar o futuro[1]

Luiza Ferreira Flores[2]

No dia 4 de agosto de 1983, a república "Alto Volta" foi renomeada "Burkina Faso" após um processo revolucionário de caráter marxista-leninista. Thomas Sankara, líder da Revolução de Agosto, encantou o mundo com o resultado da sua reforma agrária e campanhas de alfabetização e vacinação. A traição contra-revolucionária assassinou Sankara, mas seu legado persiste nas lutas anti-imperialistas e anticapitalistas de nosso tempo.

As revoluções se constituem como mudanças na estrutura interna dos Estados que transformam radicalmente a sociedade e, em especial, a relação entre as classes. As revoluções não abrangem somente a mudança política ou constitucional, mas também a participação das massas no processo. Quando olhamos para o continente africano, é possível observar um ciclo vicioso de poder nos Estados após as lutas de libertação nacional. A administração colonial direta é rompida pela eclosão de movimentos de independência que, muitas vezes pela falta de um projeto político coletivo bem delineado, leva esses países a caírem na armadilha da

---

[1] Texto originalmente publicado na revista *Jacobin Brasil*. Agradecemos aos editores da publicação que solidariamente nos autorizaram a reprodução do texto neste livro.
[2] Analista de Relações Internacionais, formada pela Universidade Federal do Rio Grande do Sul (UFRGS) em 2022.

militarização do poder, com governos regidos por elites nacionais que possuíam estreitas relações com as antigas potências coloniais.

Por anos Burkina Faso – antes conhecida como "República do Alto Volta", denominação herdada do período colonial – foi um caso como esse. Em 1983, porém, eclode uma revolução de inspiração marxista que levou um pequeno país, empobrecido e sem acesso ao mar, aos anais da história mundial.

A Revolução de Burkina Faso irrompe na confluência de distintos fatores: conflito entre a classe dominante, em particular, com a agudização de um conflito entre a elite proprietária corrupta e as Forças Armadas; a ascensão de Thomas Sankara em um papel de liderança político-militar; e a entrada em movimento da classe trabalhadora, que ao se rebelar contra a exploração capitalista abre caminho na história do país para um novo projeto político.

Alto Volta e a Independência

Burkina Faso significa "terra de homens íntegros". O país recebeu esse nome no dia 4 de agosto de 1983, por Thomas Sankara, a mais destacada liderança do processo revolucionário. Ex-colônia da França, Burkina Faso se localiza no oeste do continente africano e faz fronteira com Mali, Níger, Benin, Togo, Gana e Costa do Marfim. Em 1896 se iniciou o protetorado francês no território, oficialmente estabelecido em 1919 com a conquista da capital, Ouagadougou.

O período pré-colonial ainda é pouco estudado, porém se sabe que até o final do século XIX a história de Burkina Faso foi centrada no Império Mossi, um dos grandes impérios do continente africano. Em 1960, no chamado *Ano Africano*, Burkina Faso conquista sua independência, assim como diversos outros Estados do continente que, após um longo período de resistência e enfrentamento ao colonialismo europeu, alcançam a emancipação política formal. Maurice Yaméogo foi o primeiro presidente do

Estado independente, e ficou no poder até 3 de janeiro de 1966, sendo deposto por um golpe de Estado liderado por Sangoulé Lamizana. Desde sua independência, a história de Burkina Faso é caracterizada por ditaduras militares de média e longa duração, um padrão que, tragicamente, persiste até os dias de hoje.

A ascensão de Thomas Sankara

Há certos fenômenos universais em países com governos ditatoriais na margem do sistema capitalista mundial: a elite dirigente autoritária está tão acostumada com sua posição de poder que passa a achar que nada pode abalá-la; a classe burguesa, protegida em seus palácios luxuosos, se convence que o povo está tão subjugado e desmoralizado que jamais ousaria levantar a voz para exigir mudanças. A história das revoluções mostra que a resignação não é eterna. O dia do acerto de contas uma hora chega. Um povo explorado, farto de uma situação na qual o luxo de poucos seja sustentado na fome de muitos, se coloca em marcha e decide agir para assumir seu destino com as próprias mãos.

De 1966 até 1980, Sangoulé Lamizana ficou no poder de Alto Volta. Como outros ditadores, Lamizana não aceitava oposição e fazia uma gestão desastrosa da economia. Ao favorecer a França em acordos bilaterais, principalmente no campo industrial e de recursos naturais, acabou por danificar o relacionamento diplomático do país com os Estados africanos vizinhos. Essa tensão se torna potencialmente explosiva no caso de Mali. A relação entre os dois países nunca foi das melhores, devido à disputa territorial histórica sobre a região conhecida como a Faixa de Agacher, situada ao nordeste de Burkina Faso e ao norte do Mali, rica em gás natural e recursos minerais. A isso, soma-se um grande fluxo de imigrantes *burkinabês* pobres cruzando a fronteira. Em 1974, essa tensão acumulada converte-se em guerra aberta.

Qual a importância de tudo isto para uma revolução que só irá acontecer quase uma década depois? A resposta é simples: foi nesse conflito militar que ganhou notoriedade uma jovem oficial, cujo nome se tornou popular em Alto Volta, de norte a sul. Mais tarde esse nome ganharia uma estatura quase mítica, imortalizado em canções revolucionárias e recordado por militantes de todo o planeta: "Thomas Sankara".

Terceiro de doze filhos, Thomas Isidore Noël Sankara nasceu no dia 21 de dezembro de 1949 em Yako, uma cidade ao norte de Burkina Faso. Filho de uma mãe da etnia mossi e de um pai da etnia fulani, ambos de camadas baixas da estrutura social do país, Sankara cresceu em meio à pobreza. Ingressando no Exército para escapar da miséria, ascende ao posto de capitão. Sankara foi um dos diversos soldados enviados por Burkina Faso para lutar na Guerra da Faixa de Agacher. Comandou um pequeno grupo responsável por capturar alguns combatentes malianos. Na ocasião, o feito foi publicizado na imprensa, o que deu à Sankara o título de "herói de guerra". O próprio Sankara, no entanto, era um veemente crítico da guerra – para ele, não haveria sentido em lutar por fronteiras estabelecidas por colonizadores. Ele via a guerra como uma consequência da injustiça social criada pelo colonialismo e perpetuada pelas elites dominantes de ambos os países.

Parece haver algo em comum em todos os grandes líderes revolucionários da história: o carisma. Na política, o carisma é uma qualidade especial de liderança que envolve o imaginário popular e inspira confiança, lealdade e até devoção. Sankara representou a figura de um líder jovem e carismático de um país pequeno que procurou enfrentar um mundo desigual, brutal e corrupto.

Lamizana, que governava Burkina Faso na época, sofria uma crise de credibilidade. O país enfrentava uma crise severa em seu aparato estatal, com precarização, nepotismo e corrupção. Daí resulta uma ruptura interna nas Forças Armadas. Se, como instituição, o Exército estava unanimemente a favor de pôr um ponto final na incompetência de Lamizana, por outro lado não havia a mesma unidade no exercício de poder, nas escolhas políticas e ideológicas. A jovem ala dos capitães (a qual Sankara pertencia, juntamente com seu amigo mais próximo, Blaise Compaoré) queria mudanças na estrutura social, política e econômica de Burkina Faso, sob óbvia inspiração socialista. Essa linha, no entanto, não agradava os demais setores das Forças Armadas, mais conservadores. Assim, de 1980 até 1983, desenvolveu-se uma crise política generalizada, até que a ala revolucionária, sob liderança de Sankara, se impôs, iniciando um governo com um programa de transformações sociais profundas.

A proclamação da Revolução Democrática Popular no dia 4 de agosto de 1983 marca o fim da repartição do poder entre a elite civil e a elite militar que, às vezes juntas e às vezes opostas, vinham governando o país desde sua independência da França. A convergência dos interesses das camadas populares e da ala revolucionária do Exército permitiu a transformação do aparato estatal. A socialização dos principais meios de produção veio na sequência. Pela primeira vez na história política do país, ascendia ao poder um movimento cujo objetivo declarado era o de transformar a sociedade por meio da transferência de poder das mãos da elite proprietária para a classe trabalhadora.

O Discurso de Orientação Política, proclamado por Thomas Sankara no dia 2 de outubro de 1983, teve como objetivo orientar, ideologicamente, o caráter da revolução. Nas palavras de Sankara:

> Nosso povo foi posto à prova em lutas heroicas, e finalmente alcançou a vitória na noite histórica de 4 de agosto de 1983. Há quase dois meses, a revolução segue sua marcha irreversível em nosso país. Dois meses em que o povo lutador do Alto Volta se mobilizou em total apoio ao Conselho Nacional da Revolução (CNR) para construir uma sociedade alto-voltense nova, livre,

independente e próspera; uma nova sociedade livre da injustiça social, sem as amarras seculares da dominação e exploração do imperialismo internacional. (Ver, adiante, p. 25)

A reforma agrária e o conflito com as lideranças tradicionais

Nos meses seguintes à revolução, foi criado pelo CNR o Programa para o Desenvolvimento (PPD), cuja função era estabelecer uma estratégia viável para o desenvolvimento. Contudo, o PPD acaba por ser mais um catálogo de objetivos do que um instrumento real de planejamento. Apesar das limitações e deficiências, o PPD ao menos teve o mérito de expressar a intenção do CNR de incluir o campesinato no processo de desenvolvimento político e econômico de Burkina Faso, à exemplo da reforma na agricultura e da reforma agrária de 9 de agosto de 1984.

A reforma agrária de 9 de agosto de 1984 possui duas consequências relevantes: em primeiro lugar, constitui um ataque frontal às próprias bases do poder das autoridades tradicionais do país e, em segundo lugar, lança as bases para uma reorganização total no sistema de posse de terras em direção à propriedade e gestão coletivas, promovendo uma organização do campesinato em "estruturas democráticas" para a organização científica do trabalho agrícola. Ao retirar o poder das lideranças tradicionais, o CNR aspirava romper o sistema tradicional de dominação e desigualdade, abrindo caminhos para a emergência de alianças sociais mais receptivas ao discurso de libertação contra subordinação e opressões hierárquicas.

Entretanto, as antigas lideranças tradicionais ainda preservavam considerável influência, e organizam uma forte oposição ao governo central, a fim de impedir a transformação das relações sociais, da qual o sucesso efetivo das reformas agrária e de propriedade dependiam. A elite tradicional descontente se aproveita da crise econômica para se aliar à investida imperialista dos países contrários à revolução (especialmente os EUA e a França), procurando fragilizar o governo central de Sankara – e assim implodir o processo de transformações socialistas.

A tênue balança diplomática

As relações internacionais de Burkina Faso em seu período revolucionário são complexas. Países como Gana, Congo e Angola eram favoráveis ao regime revolucionário de Sankara, pois viam o líder burkinabê como uma espécie de porta-voz da posição africana contra a pobreza, a corrupção e a dominação ocidental. Durante o período revolucionário, houve uma maior aproximação com a União Soviética e países como Cuba e Líbia, além de uma ampliação do relacionamento bilateral com a Coreia do Norte e a China, e a inserção de Burkina Faso no Movimento dos Países Não Alinhados.

Por outro lado, existiam também tensões entre Burkina Faso e países vizinhos como Togo, Mali e, principalmente, a Costa do Marfim. Félix Houphouët-Boigny, presidente da Costa do Marfim, era considerado pelo governo dos Estados Unidos um aliado indispensável na África Ocidental na luta contra a "ameaça comunista" e na defesa dos interesses das democracias ocidentais na região. Para lidar com as posições anticomunistas dos países vizinhos, o Conselho Nacional Revolucionário (CNR) adota uma política externa pragmática, que provoca críticas por parte de apoiadores e intelectuais. Deste modo, durante o período revolucionário de Burkina Faso, o equilíbrio de poder da África Ocidental consistiu na disputa, de um lado, de países pró-Ocidente e com políticas anticomunistas como Costa do Marfim, Togo e Mali; e de outro a experiência socialista de Thomas Sankara no jovem Estado de Burkina Faso.

Alguns estudiosos, como Skinner Elliot, apontam que Sankara parece não ter compreendido bem a complexa realidade de poder da sociedade de Burkina Faso, visto que o líder burkinabê não procurou forjar alianças com as autoridades tradicionais e religiosas do país, especialmente no que se refere ao Mogho Naba. O Mogho Naba é um título destinado ao descendente direto da Princesa Yennenga (a governante mais famosa do antigo Império Mossi), sendo carregado por aquele que se torna a maior autoridade tradicional do país, responsável por facilitar o diálogo entre cristãos e muçulmanos, além de ter muita influência política. Assim, ao nem considerar compor vínculos com as autoridades tradicionais, Sankara cometeu um erro de julgamento, o que acabou provocando consequências trágicas para o futuro do país.

Uma traição fatal

A complexidade dos eventos que antecederam o final drástico da revolução tiveram também suas raízes na política internacional. Os embargos econômicos à Cuba e a decadência da União Soviética enfraqueceram as experiências socialistas em todo o mundo. O movimento comunista internacional se encontrava profundamente fragmentado. Ao final da década de 1980, as esperanças revolucionárias pareciam estar em recuo no mundo, deixando na esquerda um sentimento de pessimismo. Poucos meses antes de sua morte, em 1987, Sankara reconhece a situação defensiva do país em um discurso:

> Eu gostaria de lembrar a vocês que os episódios políticos que ocorreram neste ano agora acabaram, tendo submetido à nossa revolução todos os tipos de eventos contraditórios. Ainda há certa contradição sobre o que ainda não encontramos. Nós vimos outras revoluções nascerem, se desenvolverem e, às vezes, morrerem. Bem, isso pode também acontecer com a nossa revolução.

Em uma entrevista para a revista *Africa International*, Sankara comentou sobre o seu relacionamento com Blaise Compaoré, companheiro de revolução e um de seus melhores amigos. Na ocasião, Sankara disse que ele se considerava sortudo em ter alguém que pudesse confiar completamente. Ele termina a entrevista dizendo que: "*se algum dia se ouvir que ele [Compaoré] planeja um golpe contra mim [Sankara], não perca tempo em tentar impedi-lo, pois já será muito tarde para isso*". Palavras tragicamente proféticas.

Sindicatos, partidos políticos, estudantes universitários e membros do CNR pressionavam Sankara a estabelecer diferentes padrões de governo. A economia do país estava em crise, e muitos temiam a eclosão de um conflito com a Costa do Marfim. Para alguns, Sankara era idealista demais. Havia ainda a dificuldade de conciliar as organizações políticas de esquerda com as diretrizes do CNR. Os debates, cada vez mais duros, representavam a disputa pelo poder entre as diferentes facções do governo central.

Há quem diga que Thomas Sankara estava ciente de um golpe em andamento e, inclusive, da traição de seu amigo, Blaise Compaoré. Jamais saberemos com certeza, porém podemos apenas imaginar a profunda tristeza e dor de sofrer uma traição de um companheiro tão próximo. No dia 8 de outubro de 1987, Sankara se reuniu com os dois membros militares mais importantes do CNR, Compaoré e Lingani, para discutir se seria criado um partido unitário (nos moldes soviéticos) ou um sistema pluralista político, respeitando todas as tendências políticas. Sankara se opôs à criação de um partido único. A reunião terminou em briga. E no dia 15 de outubro de 1987, o capitão Thomas Sankara foi assassinado em um golpe de Estado planejado pelo capitão Blaise Compaoré, com o apoio do major Jean-Baptiste Lingani e do capitão Henri Zongo. Decisivamente, o golpe contou com financiamento e suporte político da CIA e do governo francês.

O legado

Thomas Sankara morreu jovem: tinha apenas 37 anos quando foi vítima da traição contrarrevolucionária. Em sua curta atividade política, foi um anti-imperialista convicto, um pan-africanista orgulhoso e, sobretudo, um revolucionário internacionalista. Em seu célebre discurso de 1984 à Assembleia Geral das Nações Unidas, Sankara afirma que os revolucionários de Burkina Faso querem "aproveitar a herança de todas as revoluções do mundo" e de "todas as lutas de libertação do terceiro mundo":

> A Revolução Francesa de 1789, ao destruir as bases do absolutismo, ensinou-nos os direitos humanos e o direito dos povos à liberdade. A grande Revolução de Outubro de 1917 transformou o mundo, permitindo a vitória do proletariado, abalou as estruturas fundamentais do capitalismo e tornou realizáveis os sonhos de justiça da Comuna de Paris. (Ver, adiante, p. 78).

Thomas Sankara, "O Rebelde", impressionou a todos com sua disposição em viver apenas daquilo que seu país produzia: diminuiu o próprio salário e não acumulou riquezas pessoais. Como presidente de uma Burkina Faso revolucionária, realizou feitos inimagináveis. As campanhas educativas diminuíram dramaticamente a taxa de analfabetismo; em apenas 4 anos de presidência, a taxa de alfabetização pulou de 13% para 73%. Mais de 10 milhões de árvores foram plantadas em um programa de reflorestamento para prevenir a desertificação. Foram vacinadas mais de 2,5 milhões de crianças contra meningite, febre amarela e sarampo, em um dos programas públicos de imunização mais ousados do mundo (esse e outros dados impressionantes podem ser encontrados no livro *Historical Dictionary of Burkina Faso*, de Daniel M. McFarland e Lawrence A. Rupley).

Sob a liderança de Sankara, o governo revolucionário de Burkina Faso também se comprometeu com políticas de promoção da igualdade de gênero, proibindo a poligamia masculina e a mutilação genital feminina, e incentivando ativamente as mulheres a ocupar espaços tradicionalmente masculinos, em especial nas Forças Armadas e na política. Uma de suas citações hoje mais célebres reflete justamente esse compromisso de entrelaçar o sucesso revolucionário à libertação das mulheres:

> E não é um ato de caridade ou um impulso de humanismo falar da emancipação da mulher. Trata-se de uma necessidade fundamental para o triunfo da revolução. As mulheres sustentam a outra metade do céu. (Ver, adiante, p. 55)

A Revolução de 1983 de Burkina Faso foi uma das últimas experiências socialistas na África. Thomas Sankara acreditava que, para o sucesso de um processo político revolucionário, se deveria ter a completa transparência das ideologias políticas, para que o povo tivesse completa noção e consciência dos atos dos líderes políticos. De acordo com suas palavras: "[...] Um militar, uma pessoa sem formação política, ideológica, não é nada mais que um criminoso em potencial."

As revoluções irrompem quando coincidem duas condições: a revolta dos dominados e a impossibilidade dos governantes continuarem governando. Em uma entrevista de 1985, Sankara indica que há uma dose de delírio em abraçar a revolução, mas que é por meio dessa "loucura" que a história avança:

> Você não pode realizar mudanças fundamentais sem uma certa dose de loucura. Neste caso, vem da inconformidade, da coragem de virar as costas às velhas fórmulas, da coragem de inventar o futuro. Foi preciso os loucos de ontem para que pudéssemos agir hoje com extrema clareza. Eu quero ser um desses loucos. Devemos nos atrever a inventar o futuro.

Apesar do fatídico fim de uma Revolução que foi impedida de florescer pela violência imperialista, o maior legado que nos deixa a experiência do governo socialista de Burkina Faso é a crença inabalável na capacidade do povo africano – e de todos os povos oprimidos e explorados – de se libertar da dominação neocolonial e capitalista.

Cronologia

BURKINA FASO

Da Idade Média até o final do século XIX, a região que hoje compreende o território de Burkina Faso é governada pelos reinos Mossi.

1896 – Após diversas expedições militares e civis na região, os franceses derrotam o reino Mossi de Uagadugu, transformando-a em um protetorado francês.

1898 – Reino Unido e França chegam a um acordo de divisão da África Ocidental em 14 de junho, quando assinam a Convenção Anglo-Francesa para delimitação das possessões britânicas e francesas no Niger, na qual se estabeleceu as fronteiras nas áreas disputadas.

1915-1916 – Diversos grupos étnicos articulam resistência no Alto Volta francês e no vizinho, Sudão Francês, com o intuito de acabar com abusos coloniais como a pesada tributação e o recrutamento forçado. O evento ficou conhecido como a Guerra Volta-Bani, sufocado pelas forças coloniais.

1919 – Criação do território colonial do Alto Volta.

1932 – A Colônia do Alto Volta é dividida entre Costa do Marfim, Níger e Sudão Francês.

1946 – Forte pressão mossi para que a divisão fosse revertida.

1947 – O Alto Volta francês é reabilitado com suas fronteiras anteriores, tornando-se um território ultramarino da Comunidade Francesa.

1958 – O Alto Volta torna-se uma república autônoma dentro da estrutura da Comunidade Francesa.

1960 – O Alto Volta torna-se independente, com Maurice Yameogo como presidente.

1966 – Yameogo é deposto por um golpe militar liderado por Sangoule Lamizana.

1970 – Nova constituição aprovada num referendo nacional permite a Lamizana permanecer no poder até 1975. Gerard Ouedraogo é nomeado primeiro-ministro.

1974 – O presidente Lamizana destitui o primeiro-ministro Ouedraogo e dissolve o parlamento.

1977 – É promulgada uma nova constituição multipartidária que permite ao presidente Lamizana manter-se no cargo. Vence as eleições presidenciais de 1978.

1980 – Uma sequência de greves de trabalhadores, professores e funcionários públicos culmina na destituição de Lamizana, e leva o coronel Saye Zerbo ao poder.

1982 – Saye Zerbo é derrubado por um golpe de Estado liderado por Jean-Baptiste Ouedraogo, após grande movimentação dos trabalhadores.

1983-1987 – O capitão Thomas Sankara substitui Ouedraogo na presidência na nação em 4 de agosto de 1983, intensificando as políticas de interesse popular. O Alto Volta passa a chamar--se Burkina Faso. As principais realizações e obstáculos do seu governo, bem como alguns marcos contextuais, estão compiladas na introdução e na cronologia específica de Sankara.

1987 – Thomas Sankara é deposto e morto em atentado cuja liderança era atribuída ao ex-companheiro de militância, Blaise

Compaoré. Este assume o poder à frente de um triunvirato que inclui Zongo e Lingani.

1989 – Lingani e Zongo discordam de Compaoré sobre questões de reforma econômica e são acusados de conspiração. Os dois são presos e executados, e Compaoré dá prosseguimento a sua agenda política.

1991 – Nova Constituição é promulgada, e Compaoré é eleito presidente em eleição boicotada pelos candidatos da oposição.

1998 – Compaoré vence novamente as eleições presidenciais. Norbert Zongo, conhecido jornalista de oposição, morre de maneira suspeita.

1999 – Greve geral devido a queixas econômicas e alegadas violações dos direitos humanos.

2000 – O Governo aceita criar um organismo gerido pela ONU para controlar as importações de armas, após alegações de que esteve envolvido no contrabando de armas para os rebeldes da Serra Leoa e de Angola.

2004 – Tribunal militar julga 13 pessoas acusadas de conspirar contra o Presidente Compaoré em outubro de 2003. O capitão do exército Luther Ouali é condenado a 10 anos de prisão por ter planejado o golpe.

2005 – Início do terceiro mandato de Compaoré na presidência.

2008 – Greve geral de dois dias, após semanas de protestos contra o elevado custo de vida, e exigência de aumentos salariais.

2010 – Novas eleições presidenciais, nova vitória de Compaoré.

2011 – Semanas de protestos violentos após a morte de um estudante sob custódia policial. Protesto também de soldados contra a prisão de seus companheiros. Milhares de pessoas se manifestam na capital devido à carestia.

2014 – Apresentação de um projeto de lei na Assembleia Nacional para alterar a Constituição, a fim de eliminar o limite de dois mandatos para a presidência, o que permitiria Compaoré prolongar ainda mais seu período como presidente. No dia da votação, protestos populares levam ao incêndio de carros e prédios públicos, incluindo a Assembleia Nacional e a televisão estatal. Compaoré declara estado de emergência e dissolve o governo. Honoré Traoré, general de oposição e chefe das Forças Armadas, declara a criação de um governo de transição, assumindo as funções de chefe de Estado. Outra ala das Forças Armadas nomeia Isaac Zida, tenente-coronel comandante da guarda presidencial de Compaoré, como presidente interino. Sob protestos, nem Traoré, nem Zida ficam no poder, e o ex-ministro dos Assuntos Exteriores Michel Kafando assume o posto, com Zida sendo primeiro-ministro da administração transitória.

2015 – Início da exumação do que se crê ser o corpo de Thomas Sankara para determinar a identidade e a causa da sua morte. Kafando enfrenta tentativa de golpe de Estado dos aliados de Compaoré. Roch Marc Kabore, ex-primeiro-ministro, vence as eleições presidenciais. Ataques terroristas começam a ser mais frequentes, assumidos por jihadistas.

2020 – Kabore é reeleito.

2022 – Após o encerramento das investigações, Compaoré é condenado a prisão perpétua por seu papel no assassinado de Sankara. Kaboré é deposto por outro golpe militar. Paul-Henri Sandaogo, líder do movimento oposicionista, é declarado presidente interino. Ibrahim Traoré, capitão, toma o poder 8 meses depois, assumindo o lugar de Sandaogo. É posteriormente nomeado oficialmente presidente.

2023 – Mali, Niger e Burkina Faso, todos governados por juntas militares, criam Aliança de Defesa no Sahel, com a justificativa de se unirem no combate a atentados associados à Al-Qaeda e ao Estado Islâmico.

THOMAS SANKARA

21/12/49 – Thomas Isidore Noël Sankara nasce em Yako, cidade localizada ao norte do território conhecido à época como Alto Volta francês. É o de terceiro de doze filhos de Marguerite Sankara, da etnia mossi, com Sambo Joseph Sankara, funcionário da gendarmeria de etnia fula.

outubro de 66 – Se muda para a cidade de Bobo-Diulasso para realizar os estudos secundários.

01/10/69 – Ingressa na Academia Militar de Antsirabé, em Madagascar, onde estuda ciência política, economia política, francês e ciências agrícolas. Ali toma contato com leituras marxistas. Sua formação termina coincidindo com a explosão do movimento anticolonial da ilha, que em 1972 derruba o presidente Tsiranana e coloca no lugar o general Ramanantsoa. Este implementa um modelo de socialismo centralizado, estabelecendo cooperativas de produtores e fazendas estatais e colocando as terras não registradas sob propriedade do Estado.

1972 – Fim da formação em Antsirabé. No início do ano letivo seguinte, Sankara é destacado para o serviço cívico, ano suplementar para receber formação adicional.

outubro de 1973 – Sankara regressa ao Burkina Faso e é destacado para Bobo Dioulasso para formar uma companhia de jovens recrutas.

16-17/12/74 – Estoura um confronto militar entre o Mali e o Alto Volta em torno de uma disputa de fronteira. Thomas Sankara é chamado para atuar no conflito com os seus homens, e sua atuação é muito bem avaliada.

1976 – Assume a direção do Centro Nacional de Treinamento de Comandos (CNEC), na cidade de Pô.

janeiro de 1978 a maio de 78 – Thomas Sankara e seu conterrâneo Blaise Compaoré frequentam juntos um curso de formação no centro de formação de pára-quedistas em Rabat, Marrocos.
21/07/79. Thomas Sankara casa-se com Mariam Sermé.
fevereiro de 81 – Thomas Sankara é promovido a capitão logo após o terceiro golpe de Estado desde a Independência; acredita-se que sua promoção tenha sido uma forma de neutralizar sua influência em relação à população, que reagia ao governo instituído. Blaise Compaoré assume a direção do CNEC de Pô.
10/08/81 – Nascimento do primeiro filho dos Sankara, Philippe, em Ouagadougou.
13/09/81. Torna-se Secretário de Estado da Informação, se demitindo 7 meses depois.
14/05/82 – É preso durante o governo de Saye Zerbo, em Dédougou; Blaise Compaoré também, em Fara, perto de Bobo.
21/09/82. Nascimento do segundo filho dos Sankara, Auguste, em Ouagadougou.
11/01/83 – Torna-se primeiro-ministro sob o regime de Jean-Baptiste Ouédraogo.
24/02/83 – Parte numa viagem que o leva ao Níger, à Líbia e à Coreia do Norte.
07-13/03/83 – Desenvolve uma intensa atividade diplomática durante a Cúpula dos Não-Alinhados, em Nova Deli.
17/05/83 – Thomas Sankara é preso novamente, agora sob regime de Ouédraogo, após discursar para uma multidão e explicitar seu posicionamento mais à esquerda do que o do presidente. Blaise Compaoré foge para o Pô, e declara rebelião.
20-21/05/83 – Estudantes do ensino secundário e jovens do Alto Volta manifestam-se em Ouagadougou e Bobo Dioulasso para exigir a libertação de Sankara, enfrentando no dia seguinte a contramanifestação organizada pela Assembleia Democrática

Africana (RDA) e pela União Nacional para a Defesa da Democracia (UNDD).

29/05/83 – Libertação dos presos.

06/83-08/83 – A resistência é organizada a partir da base de comandos de Pô em torno de Blaise Compaoré, alinhado com Thomas Sankara.

04/08/83 – Os comandos do CNEC dirigidos por Compaoré partem de Pô em direção a Ouagadougou, encontrando militantes civis que os conduzem à cidade. Tomam a cidade e empossam Sankara como chefe de Estado.

05/08/83 – Grande manifestação popular de apoio ao novo governo.

24/08/83 – É constituído o primeiro governo do Conselho Nacional da Revolução (CNR). Dele fazem parte 5 membros do Partido Africano de Independência-Liga Patriótica pelo Desenvolvimento (PAI-LIPAD), 3 membros do ex-União das Lutas Comunistas (ULC) e os 3 militares que, ao lado de Sankara, ficarão conhecidos como os 4 chefes históricos da revolução.

16/09/83 – Sankara visita o Mali para firmar um acordo para a criação de uma Comissão Mista de Cooperação. Vai também ao Níger.

02/10/83 – Parte para a 10ª Conferência França-África, onde marca a sua presença. Antes, grava o "Discurso de orientação política", que é transmitido na rádio e na televisão.

janeiro de 84 – Visita o Togo. Também diz a Kadhafi que desaprova a ocupação pela Líbia da Faixa de Aouzou, no Chade, iniciada em 1973.

21/01/84 – Visita o Benim.

31/03/84 – Visita oficial de uma delegação do Alto Volta chefiada por Thomas Sankara à República Árabe Saharaui Democrática (RASD), a primeira visita de um chefe de Estado.

02/04/84 – Visita a Argélia, onde se encontra com o presidente Chadli Bendjedid, membro da Frente de Libertação Nacional.

No final de abril de 84, Sankara escreveu às organizações pedindo-lhes que apresentassem propostas para união de forças. O LIPAD responde criticando a falta de estatuto do CNR, a ausência de democracia no seu seio, o predomínio dos militares e a improvisação das suas decisões.

23/06/84-02/07/84 – Thomas Sankara visita a Etiópia, Madagascar, Moçambique, Congo, Burundi, Tanzânia, Zâmbia, Angola e São Tomé e Príncipe.

13/07/84 – Sankara escreve ao Presidente da Organização da Unidade Africana (OUA) anunciando a decisão do Burkina Faso de boicotar os Jogos Olímpicos de Los Angeles devido às repetidas violações da Carta das Nações Unidas relativamente à África do Sul.

15/07/84 – Primeiro encontro institucional de Thomas Sankara com mulheres.

25-30/09/84 – Thomas Sankara desloca-se a Cabo Verde e depois à Cuba. No final desta viagem, não é autorizado a aterrissar em Atlanta, e pousa em Nova Iorque.

02/10/84 – Encontro em Harlem com a comunidade afro-americana.

04/10/84 – Discurso de Thomas Sankara na 39ª sessão das Nações Unidas. Este discurso é amplamente divulgado, e muita atenção se volta ao processo revolucionário em Burkina Fasso.

28/10/84 – Sankara torna-se presidente da Comunidade Econômica da África Ocidental (CEEO) na sua 10ª Cúpula.

05-09/11/84 – Uma delegação do Burkina chefiada por Sankara desloca-se à China.

12-15/11/84 – Sankara participa na Cúpula da OUA em Addis Abeba, onde clama pelo reconhecimento internacional da

República Árabe Saharaui Democrática, território entre Marrocos e Mauritânia.

31/12/84 – Anuncia na rádio que a habitação será gratuita em 1985, e que será lançado um programa de construção de habitações.

11/02/85 – Uma bomba danifica a suíte de hotel que Sankara devia ocupar em Yamoussoukro durante a Cúpula do Conselho da Entente, uma organização regional de cooperação econômica criada em 1959.

00/09/85 – Sankara viaja para a Coreia do Norte com escalas e encontros na Romênia e na URSS.

11/09/85 – Reunião em Ouagadougou durante a qual Sankara, de regresso da Cúpula de Yamoussoukro, se queixa de complôs contra o Burkina Faso.

05-07/02/1986 – Sankara participa da conferência "SYLVA" sobre as árvores e as florestas em Paris e profere um discurso intitulado "Salvar a árvore, o ambiente e a própria vida".

17/02/86 – Sankara visita Paris, onde se encontra com François Mitterrand pela primeira vez desde a sua chegada ao poder, por ocasião da Cúpula da Francofonia, onde profere discurso poucos dias depois da assinatura de novos acordos de cooperação.

26-27/03/1986 – Cúpula da CEAO é presidida por Thomas Sankara em Ouagadougou. O Burkina Faso exerceu a presidência da Comunidade em 1985.

junho de 86 – Sankara regressa apressadamente da Cúpula da Comunidade Econômica dos Estados da África Ocidental (CEDEAO) em Lagos, após rumores de um golpe de Estado.

30/08/1986 – Thomas Sankara parte para uma visita oficial a Harare, no Zimbabue.

03/09/86 – Discurso de Sankara na 8ª Cúpula do Movimento dos Não-Alinhados em Harare (Zimbabue).

00/09/86 – Visita de Sankara a Uganda.

06-10/86 – Sankara chefia uma delegação do Burkina, composta por cerca de 50 pessoas, numa viagem oficial de uma semana à União Soviética. Pouco tempo depois, o Burkina Faso vota com a URSS numa assembleia da ONU sobre o Afeganistão.

08/11/86 – Novo encontro com Fidel Castro em Cuba. Sankara visita a Nicarágua e discursa em Manágua por ocasião do 25º aniversário da fundação da Frente Sandinista de Libertação Nacional e do 10º aniversário da morte em combate do seu principal fundador, Carlos Fonseca. Sankara fala em nome das 180 delegações estrangeiras presentes.

09/11/86 – Sankara foi condecorado com a Ordem de Carlos Fonseca. No regresso, nova paragem em Cuba para conversações com Fidel Castro.

17-18/11/1986 – Mitterrand visita o Burkina Faso. Foi aqui que teve lugar a célebre disputa verbal entre os dois presidentes. As últimas personalidades políticas dos antigos regimes ainda detidas são libertadas pouco tempo antes.

11/03/87 – Sankara anuncia a criação da União Nacional dos Camponeses de Burkina.

08/03/87 – Por ocasião do Dia da Mulher, Sankara pronuncia um grande discurso sobre o tema da libertação da mulher.

30/03-03/04/87 – Segunda conferência nacional dos CDR. Sankara anuncia a proibição da importação de frutas e legumes. Os CDRs prestam juramento de se mobilizarem para "construir uma economia nacional autónoma por meio da produção e do consumo do Burkina Faso".

27/06/87 – Reunião das organizações membros do CNR – Organização Militar Rrevolucionária, União das Lutas Comunistas Reconstruídas, Grande Coalizão Burquinense e União Comunista de Burkina. Sankara propõe a dissolução das organizações, a criação de um comitê provisório para construir um partido e dá às outras organizações uma semana para se pronunciarem.

04/07/87 – Durante uma longa reunião interna na União Comunista de Burkina (UCB) que durou toda a noite, Thomas Sankara propõe a dissolução das organizações do CNR com vista à criação do partido, mas muitos dos presentes querem excluir a União das Lutas Comunistas Reconstruídas (ULCR) para criar uma estrutura que substitua o CNR. Em resposta ao descontentamento, propôs acelerar ainda mais as reformas. Foi também criticado por não ter consultado suficientemente a UCB. Perante a avalanche de críticas, Thomas Sankara ameaça demitir-se. A reunião termina com o acordo de prosseguir as discussões, incluindo com a ULCR, mas fora do CNR. Mas Thomas Sankara não participará mais nas reuniões da UCB.

29/07/87 – Sankara participa na 24ª cúpula dos países membros da OUA, em Adis Abeba. Proferiu um importante discurso contra a dívida, que foi filmado na íntegra e amplamente difundido na Internet. Intervém igualmente sobre o conflito entre o Chade e a Líbia. Desloca-se para a Líbia, onde mantém longas conversações com Kadhafi, antes de regressar ao Burkina Faso.

22/08/87 – Thomas Sankara cria um gabinete especial para o apoiar melhor e racionalizar os seus métodos. Pretende responder às acusações de improvisação e de falta de ponderação na tomada de decisões. Queria dar um passo atrás nas suas funções governativas e dedicar-se a uma reflexão mais política. Inclui todos os que foram mortos com ele no dia 15 de outubro – Paulin Bamouni, o suboficial Christophe Saba, Bonaventure Compaoré, Frédéric Kiemdé e Patrice Zagré. Também constava Alouna Traoré, o único sobrevivente do atentado.

26/08/87 – Última reunião do Conselho de Ministros antes da sua dissolução. Uma declaração de Thomas Sankara sugere a existência de uma divergência entre ele e Compaoré.

02/09/87 – Blaise Compaoré visita a Líbia, onde tem uma sessão de trabalho com o político ganês Jerry Rawlings e o ugandense Yoweri Museveni.

03/09/87 – Reunião da Organização Militar Rrevolucionária (OMR) particularmente tensa. Fala-se de folhetos obscenos que circulam na cidade, atacando Thomas Sankara e a sua família. Thomas Sankara declara que os autores estão presentes. Blaise Compaoré perde a calma e queixa-se de que a reunião foi convocada para o acusar.

09/09/87 – Formação do novo governo, que incluía muitos membros da UCB. Thomas Sankara, de acordo com a sua decisão de se desligar das funções governamentais, pede a Blaise Compaoré que o componha. Valère Somé e Basile Guissou não foram incluídos.

12/09/87 – Sankara inicia uma viagem oficial à Etiópia.

22/09/87 – Thomas Sankara confia a redação deste programa a Valère Somé.

01/10/87 – Reunião dos quatro "líderes históricos".

07/10/87 – Reunião do Conselho de Ministros presidida por Blaise Compaoré na ausência de Thomas Sankara.

08/10/87 – Discurso de Sankara por ocasião do 20º aniversário do assassinato de Che Guevara na Bolívia.

08/10/87 – Sankara propõe um encontro com os 3 outros "líderes históricos". Lingani recusa o convite. Thomas Sankara queixa-se da situação criada após a reunião de Tenkodogo. Perante o silêncio dos outros dois, Thomas Sankara levanta-se e bate com a porta. Nessa noite, telefona ao seu amigo para lhe pedir desculpa. A nota sobre os acontecimentos de 15 de outubro refere que o presidente pôs as tropas em alerta ao ordenar a Ousseïni Compaoré que prendesse Blaise Compaoré e Henri Zongo, o que Compaoré recusou.

08-10 de outubro de 1987 – Conferência Pan-Africana anti-*apartheid* de Bambata, em Ouagadougou, com a participação de 29 países e 40 organizações. Discurso de encerramento de Sankara.

14/10/87 – Conselho de Ministros presidido, pela primeira vez desde a remodelação, por Sankara, na ausência de Blaise Compaoré. Reunião tensa dos militares encarregados da segurança.

15/10/87 – Assassinato de Thomas Sankara e de 7 outros companheiros.

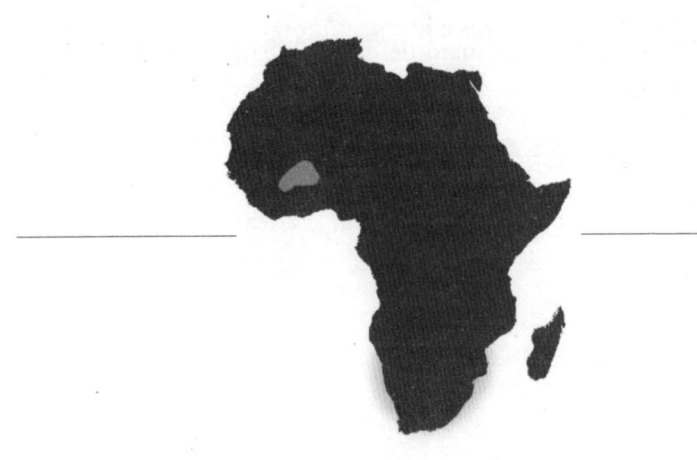

Discurso de Orientação Política[1]

2 de outubro de 1983

Povo do Alto Volta,
Camaradas, mulheres e homens militantes da Revolução:
Neste ano de 1983, nosso país experimentou momentos de tamanha intensidade que deixaram marcas indeléveis na consciência de muitos compatriotas. Nesse período, a luta do povo alto-voltense conheceu ascensos e descensos.

Nosso povo foi posto à prova em lutas heroicas, e finalmente alcançou a vitória na noite histórica de 4 de agosto de 1983. Há quase dois meses, a revolução segue sua marcha irreversível em nosso país. Dois meses em que o povo lutador do Alto Volta se

---

[1] Discurso transmitido em cadeia nacional de rádio e televisão em 2 de outubro de 1983. O texto do discurso foi escrito a várias mãos, havendo uma nítida diferença de estilos: uma parte mais ideológica, redigida por Valère Somé, da União de Luta Comunista Reconstruída (ULCR) e por Thomas Sankara; uma parte mais técnico-descritiva, que traz a situação econômica do Alto Volta, redigida por Philippe Ouédraogo, do Partido Africano da Independência (PAI); e a parte final, que traz elementos muito resumidos da política internacional, redigida às pressas por Valère Somé e Blaise Compaoré (representando os militares). O "Discurso de Orientação Política" se constituiria na referência teórica da Revolução Burquinabê, contendo uma análise da sociedade e das relações de classe fortemente inspirada no marxismo e o esboço de um programa político. Traduzido a partir de Jaffré, Bruno; Sankara, Thomas. *La liberté contre le destin:* discours de Thomas Sankara. Paris: Syllepse, 2017. (N. T.)

mobilizou em total apoio ao Conselho Nacional da Revolução (CNR) para construir uma sociedade alto-voltense nova, livre, independente e próspera; uma nova sociedade livre da injustiça social, sem as amarras seculares da dominação e exploração do imperialismo internacional.

Ao final dessa etapa de nossa jornada, convido a uma análise retrospectiva, a fim de tirar os aprendizados necessários para determinar corretamente as tarefas revolucionárias que se colocam no momento presente e no futuro próximo. Desenvolver uma compreensão objetiva da marcha dos acontecimentos nos fortalece ainda mais em nossa luta contra o imperialismo e as forças sociais reacionárias.

Resumindo: de onde viemos? E para onde estamos indo? Estas são as questões do momento, que exigem de nós uma resposta clara e resoluta, sem que haja margem para dúvidas, se almejamos seguir firmes rumo a maiores e mais retumbantes vitórias.

A Revolução de Agosto é o ponto culminante da luta do povo alto-voltense.

O triunfo da Revolução de Agosto não é apenas o resultado do golpe de força revolucionário imposto à sacrossanta aliança reacionária de 17 de maio de 1983.[2] É a culminação da luta do

---

[2] Thomas Sankara havia sido nomeado primeiro-ministro do governo do presidente Jean-Baptiste Ouedraogo em janeiro de 1983. Logo depois, em fevereiro, Sankara realizaria uma viagem pelo Níger, Líbia e Coreia do Norte, e, em março, participaria da VII Cúpula do Movimento dos Países Não Alinhados em Nova Delhi (Índia), onde se encontrou com Fidel Castro, Samora Machel (presidente de Moçambique e líder da Guerra da Independência do país) e Maurice Bishop (primeiro-ministro de Granada, ilha do Caribe que experimentava uma curta experiência socialista). Os militares que compunham o governo estavam divididos entre uma ala conservadora e outra progressista. Os discursos e políticas de Sankara se opunham cada vez mais diametralmente aos do presidente Jean-Baptiste Ouedraogo. Em 15 de maio, conselheiros do presidente francês François Mitterrand se reu-

povo alto-voltense contra seus inimigos de sempre. Uma vitória sobre o imperialismo internacional e seus aliados nacionais. Uma vitória sobre as forças retrógradas, obscurantistas e tenebrosas. Uma vitória sobre todos os inimigos do povo que tramaram complôs e intrigas pelas suas costas.

A Revolução de Agosto é o momento final da insurreição popular desencadeada em seguida à conspiração imperialista de 17 de maio de 1983, a qual visava conter a onda crescente das forças democráticas e revolucionárias deste país.

Aquela insurreição [popular, de Agosto] esteve representada não apenas na atitude corajosa e heroica dos comandos da cidade de Pô,³ que souberam opor uma feroz resistência ao poder pró-imperialista e antipopular do major doutor Jean-Baptiste Ouedraogo⁴ e do coronel Somé Yoryan, mas também na coragem das forças populares democráticas e revolucionárias aliadas aos soldados e oficiais patriotas, que souberam organizar uma resistência exemplar.⁵

    niram com o presidente alto-voltense. Dois dias depois, sob o pretexto de expulsar de seu governo elementos pró-líbios e antifranceses, o presidente Ouedraogo dissolveu o Conselho de Salvação Pública e ordenou a prisão de Thomas Sankara e de outros companheiros no campo militar de Ouahigouya (província de Yatenga). Somente Blaise Compaoré pôde escapar. (N. T.)

³ Após a prisão de Sankara, Blaise Compaoré se refugia no centro de treinamento militar da cidade de Pô (capital da província de Nahouri) e, com um grupo especial de "comandos" paraquedistas, entra em rebelião aberta contra o governo. (N. T.)

⁴ Jean-Baptiste Philippe Ouédraogo (1942-) foi médico militar, presidente do Alto Volta entre novembro de 1982 e 4 de agosto de 1983, após um golpe militar liderado pelo coronel Gabriel Yoryan Somé (1935-1983), que se tornou então Comandante das Forças Armadas. (N. T.)

⁵ Grupos progressistas e de esquerda, como o Partido Africano da Independência-Liga Patriótica pelo Desenvolvimento (PAI-Lipad), a União de Luta Comunista (ULC) e os movimentos sindicais organizados na Confederação dos Sindicatos Voltaicos (CSV), unem esforços para mobilizar e organizar a população. Sob pressão, em junho o governo acaba transferindo Thomas

A insurreição de 4 de agosto de 1983,⁶ a vitória da revolução e a subida ao poder do Conselho Nacional da Revolução⁷ são incontestavelmente, portanto, a consagração e o resultado coerente das lutas do povo alto-voltense contra a dominação e exploração neocolonial, contra a subjugação de nosso país, em defesa da independência, liberdade, dignidade e progresso do nosso povo. Análises simplistas e superficiais, que se limitem à reprodução de esquemas preestabelecidos, não serão capazes de alterar a realidade dos fatos.

A Revolução de Agosto triunfou ao se assumir como herdeira e como aprofundamento da insurreição popular de 3 de janeiro de 1966.⁸ Ela é a continuação e o desenvolvimento, a um estágio

---

Sankara para a capital, Uagadugu, onde ele é colocado em prisão domiciliar. (N. T.)

⁶ Em 4 de agosto, militares liderados por Blaise Compaoré, com o apoio de civis, tomam a capital, libertam Sankara e destituem o governo. Nos dias seguintes, ocorrem grandes manifestações populares em apoio ao processo revolucionário. (N. T.)

⁷ O Conselho Nacional da Revolução (CNR) foi se constituindo antes da tomada do poder, especialmente a partir dos acontecimentos de maio de 1983, reunindo uma representação dos principais sujeitos políticos envolvidos: os militares rebelados, o Partido Africano da Independência e a União de Luta Comunista Reconstruída (ULCR). Acendendo ao poder, o CNR proclama a revolução e convoca o povo a criar os Comitês em Defesa da Revolução. Thomas Sankara é escolhido como presidente do CNR. (N. T.)

⁸ Maurice Yaméogo (1921-1993) foi o primeiro presidente do Alto Volta, tendo assumido o poder em 1959. Ele impôs um regime autoritário, de orientação neocolonial e fortemente repressiva, além de contar com uma administração pública notoriamente corrupta. Em 3 de janeiro de 1966, eclodiu uma greve geral no país, em resposta a um plano de austeridade anunciado pelo governo dias antes, que foi a gota d'água para a crescente insatisfação popular. Neste dia ocorreram grandes mobilizações, com multidões cercando a Assembleia Nacional e a sede do partido do governo. Como resultado da pressão popular, Maurice Yaméogo renuncia, assumindo o poder o tenente-coronel Sangoulé Lamizana (1916-2005), que governaria o país até 1980. (N. T.)

qualitativamente superior, de todas as grandes lutas populares que foram se multiplicando nos últimos anos, e que explicitaram a oposição sistemática do povo alto-voltense, e particularmente da classe operária e dos trabalhadores, à maneira como vinha sendo governado. Os marcos mais notáveis e significativos dessas grandes lutas populares correspondem às datas de dezembro de 1975, maio de 1979, outubro e novembro de 1980, abril de 1982 e maio de 1983.[9]

Como é sabido, o grande movimento de resistência popular ocorrido em resposta à provocação reacionária e pró-imperialista de 17 de maio de 1983 criou as condições favoráveis para que se produzissem os acontecimentos de 4 de agosto de 1983. A conspiração imperialista de 17 de maio de fato precipitou a reorganização, em larga escala, das forças e organizações democráticas e revolucionárias, que se mobilizaram durante este período desenvolvendo iniciativas e realizando ações ousadas, até então inéditas. Enquanto isso, a sacrossanta aliança das forças reacionárias, em torno do regime ferido de morte, padecia por sua incapacidade de conter o rápido avanço das forças revolucionárias que, cada vez mais abertamente, passavam ao enfrentamento direto do poder antipopular e antidemocrático.

As manifestações populares dos dias 20, 21 e 22 de maio[10] tiveram grande repercussão nacional, principalmente por seu grande significado político, uma vez que provavam concretamente o

---

[9] Referência a greves gerais que foram capazes de provocar algum tipo de mudança na condução da vida política no Alto Volta. (N. T.)

[10] Nos dias 20, 21 e 22 de maio de 1983, grandes manifestações de estudantes e da juventude ocorrem na capital Uagadugu e em outras grandes cidades, pedindo a libertação de Thomas Sankara e seus companheiros. Ecoam palavras de ordem, como "abaixo o imperialismo!". O ministro da Juventude e Desportos e o dirigente da Confederação dos Sindicatos Voltaicos (CSV) são presos por participarem das manifestações. (N. T.)

apoio aberto de todo um povo, e principalmente da juventude, aos ideais revolucionários defendidos por homens traiçoeiramente assassinados pela reação. Tiveram um grande significado prático, porque explicitavam a determinação de todo um povo e de toda a juventude que se levantavam para enfrentar concretamente as forças da dominação e exploração imperialista. Foi a demonstração mais patente da verdade de que, quando o povo se levanta, o imperialismo e as forças sociais a ele aliadas tremem.

A história e o processo de conscientização política das massas populares seguem uma progressão dialética incompreensível à lógica reacionária. É por isso que os acontecimentos de maio de 1983 em muito contribuíram para acelerar o processo de esclarecimento político em nosso país, alcançando um nível tal que permitiu às massas populares como um todo efetuarem um salto qualitativo significativo na compreensão da conjuntura.

Os acontecimentos de 17 de maio contribuíram muito para abrir os olhos do povo alto-voltense e para revelar o imperialismo, de maneira brutal e cruel, com seu sistema de opressão e exploração.

Há dias que guardam lições de uma riqueza comparável a uma década inteira. Durante esses dias, o povo aprende com rapidez tão extraordinária, e com tamanha profundidade, que mil dias de estudo nada seriam em comparação a eles.

Os acontecimentos de maio de 1983 permitiram que o povo do Alto Volta conhecesse melhor seus inimigos. Assim, a partir de agora, no Alto Volta, todos sabem:

Quem é quem!

Quem está com quem e contra quem!

Quem faz o quê e por quê.

Situações dessa natureza são o prelúdio de grandes transformações, contribuindo para desnudar o acirramento das contradições de classe da sociedade alto-voltense. A Revolução de Agosto nos chega, portanto, como solução das contradições sociais que não mais podiam ser abafadas mediante acordos de conciliação.

A adesão entusiástica das amplas massas à Revolução de Agosto é a tradução concreta da imensa esperança, depositada pelo povo alto-voltense na chegada ao poder do CNR, de que enfim possa se realizar a satisfação de sua profunda aspiração à democracia, à liberdade e à independência, ao verdadeiro progresso, ao restabelecimento da dignidade e grandeza da nossa pátria, que 23 anos de regime neocolonial desrespeitaram profundamente.

O legado de 23 anos de neocolonização

O advento do CNR em 4 de agosto de 1983 e o estabelecimento de um poder revolucionário no Alto Volta a partir dessa data inauguraram uma página gloriosa nos anais da história de nosso povo e de nosso país. No entanto, o legado deixado por 23 anos de exploração e dominação imperialista é opressivo e complexo. Nossa tarefa de construir uma nova sociedade será difícil e árdua, uma sociedade livre de todos os males que mantêm nosso país em situação de pobreza e de atraso econômico e cultural.

Quando em 1960 o colonialismo francês se viu encurralado, inteiramente derrotado em Dien Bien Phu (Vietnã) e enfrentando enormes dificuldades na Argélia, teve de aprender com essas derrotas e foi forçado a conceder ao nosso país a soberania nacional e a integridade territorial;[11] isso foi comemorado pelo nosso povo, que não esperava passivamente, mas desenvolvia lutas de resistência dignas. Esta "fuga para frente" do imperialismo colonialista

---

[11] Diversos países africanos se tornaram independentes da França em 1960: Togo (em abril), Daomé (depois renomeado Benin), Níger, Alto Volta e Costa do Marfim (em agosto). (N. T.)

francês constituiu, para o povo, uma vitória sobre as forças da opressão e da exploração estrangeira. Do ponto de vista das massas populares, tratava-se de uma reforma democrática, mas do ponto de vista do imperialismo era apenas uma mudança nas formas de dominação e exploração do nosso povo.

Essa mutação levou, no entanto, a uma reorganização de classes e estratos sociais e ao estabelecimento de novas classes. Aliando-se às forças retrógradas da sociedade tradicional, a pequena burguesia intelectual da época, em completo desprezo às classes fundamentais que tinham servido de trampolim para a sua ascensão ao poder, passou a organizar as bases políticas e econômicas das novas formas de dominação e exploração imperialista. Temendo que a luta das massas populares se radicalizasse e conduzisse a uma solução verdadeiramente revolucionária, o imperialismo escolheu exercer seu controle sobre nosso país, dali em diante, perpetuando a exploração de nosso povo por intermédio de alguns de seus próprios compatriotas. Uns poucos cidadãos alto-voltenses passariam a assumir o controle da dominação e exploração estrangeiras. Toda a organização da sociedade neocolonial se resumiria a uma simples operação de substituição das formas [de dominação e exploração].

Em sua essência, a sociedade neocolonial e a sociedade colonial não são de modo nenhum diferentes. Assim, a administração colonial foi substituída por uma administração neocolonial idêntica em todos os aspectos. O Exército colonial foi substituído por um Exército neocolonial com os mesmos atributos, as mesmas funções e o mesmo papel de guardião dos interesses do imperialismo e dos seus aliados nacionais. A escola colonial foi substituída por uma escola neocolonial, que persegue os mesmos objetivos de alienar as crianças do nosso país e de reproduzir uma sociedade essencialmente a serviço dos interesses imperialistas, e secundariamente a serviço dos lacaios e aliados locais do imperialismo.

Com o apoio e as bênçãos do imperialismo, alguns cidadãos alto-voltenses assumiram a organização do saque sistemático de nosso país. Com as migalhas que recebem dessa pilhagem, transformam-se pouco a pouco em uma burguesia genuinamente parasitária, incapazes de conter seus apetites vorazes. Daí em diante, movidos apenas por seus interesses egoístas, não hesitam em empregar os meios mais desonestos, lançando amplamente mão da corrupção, do desvio de fundos e bens públicos, do tráfico de influências e da especulação imobiliária, praticando o favoritismo e o nepotismo.

Isso explica toda a riqueza material e financeira que conseguiram acumular à custa do povo trabalhador. E, não contentes em viver dos fabulosos rendimentos auferidos da exploração desavergonhada de bens ilegalmente apropriados, usam de todos os meios para monopolizar cargos políticos que lhes favoreçam, utilizando-se de maneira fraudulenta do aparato do Estado.

Ao menos uma vez por ano, dão-se ao luxo de férias opulentas no exterior. Seus filhos deixam as escolas do país para buscar uma educação de prestígio em outros países. Ao menor sinal de um problema de saúde, todos os recursos do Estado são mobilizados para lhes assegurar dispendiosos cuidados nos hospitais de luxo de países estrangeiros.

Tudo se passa enquanto o povo trabalhador, corajoso e honesto do Alto Volta se afunda na mais extrema miséria. Se para a minoria dos ricos o Alto Volta é um paraíso, para esta maioria, que constitui o povo, trata-se de um inferno quase insuportável.

Os assalariados que integram essa grande maioria, apesar de terem assegurado um pagamento regular, estão submetidos às limitações e armadilhas da sociedade de consumo do capitalismo. Veem o salário todo desaparecer antes mesmo de o receberem. E o círculo vicioso continua indefinidamente, sem perspectiva de ruptura.

A partir de seus respectivos sindicatos, os assalariados travam lutas pela melhoria de suas condições de vida. A extensão dessas lutas por vezes força os representantes dos poderes neocoloniais a fazerem algumas concessões. Mas eles dão com uma mão apenas para, em seguida, retomar com a outra. Assim, com grande alarde, anunciam um aumento de 10% nos salários, para logo em seguida implementarem uma política de impostos que anula os efeitos benéficos esperados. Depois de cinco, seis, sete meses, os trabalhadores sempre acabam percebendo o embuste e se mobilizam para novas lutas. Sete meses é mais do que suficiente para os reacionários no poder recuperarem o fôlego e inventarem outros estratagemas. Nessa luta sem fim, o trabalhador sempre sai perdendo.

Também dentro dessa grande maioria há esses "condenados da terra", camponeses que todos os dias são expropriados, espoliados, brutalizados, presos, desrespeitados e humilhados e que, no entanto, são aqueles cujo trabalho cria riquezas. É graças a suas atividades produtivas que a economia do país se mantém, apesar de sua fragilidade. É o trabalho deles que "enche de açúcar" os bolsos de todos aqueles compatriotas para os quais o Alto Volta é um Eldorado. E, no entanto, são os que mais sofrem com a falta de serviços básicos, de estradas e de políticas de saúde.

São estes camponeses criadores da riqueza nacional os que mais sofrem com a falta de escolas e de material escolar para os seus filhos, os quais se juntarão ao contingente de desempregados após uma breve passagem pelos bancos de escolas pouco adequadas às realidades deste país.

O índice de analfabetismo é mais elevado entre a população do campo: 98%. Aqueles que mais necessitam de acesso ao conhecimento para tornar mais rentável o trabalho produtivo são justamente os que menos se beneficiam com investimentos na área da saúde, educação e tecnologia.

A juventude camponesa, que, como toda a juventude, mostra-se mais sensível às injustiças sociais e favorável ao progresso, em um sentimento de revolta chega a abandonar o nosso campo, privando-o assim de seus elementos mais dinâmicos. O primeiro impulso conduz essa juventude aos grandes centros urbanos de Uagadugu e Bobo-Diulasso. Lá esperam encontrar trabalho mais bem remunerado e também aproveitar as vantagens do progresso. A falta de trabalho os leva à ociosidade, com os vícios que a caracterizam. Por fim, para não acabarem na prisão, buscam uma saída emigrando a países estrangeiros, onde os esperam as mais vergonhosas humilhações e exploração. Mas a sociedade alto-voltense deixa a eles outra escolha?

Tal é, em poucas palavras, a situação do nosso país após 23 anos de neocolonização: paraíso para uns e inferno para outros.

Após 23 anos de dominação e exploração imperialista, nosso país continua sendo um país agrícola atrasado, onde o setor rural, empregando mais de 90% da população trabalhadora, representa apenas 45% do Produto Interno Bruto (PIB) e fornece 95% das exportações totais do país.

É preciso simplesmente notar que em outros países os agricultores, constituindo menos de 5% da população, conseguem não apenas se alimentar adequadamente e atender às necessidades de toda a nação, mas conseguem também exportar imensas quantidades de seus produtos agrícolas. Enquanto isso, em nosso país, esses que são mais de 90% da população, apesar de seu árduo trabalho, enfrentam a fome e a penúria e são obrigados a recorrer, assim como o restante da população, à importação de produtos agrícolas ou mesmo à ajuda internacional. O desequilíbrio assim criado entre exportações e importações contribui para aumentar a dependência do país em relação ao exterior. O déficit comercial resultante cresce ano a ano de maneira significativa e a taxa de cobertura das importações pelas exportações se situa em torno de 25%. Em termos mais claros, compramos do exterior mais do que vendemos, e uma economia que funciona nessa base vai se arruinando aos poucos e caminhando para o desastre.

Além de insuficientes, os investimentos privados estrangeiros também atuam como enormes drenos na economia do país e, portanto, não contribuem para fortalecer sua capacidade de acumulação. Uma parcela significativa da riqueza criada com base no investimento estrangeiro é escoada para fora, em vez de ser reinvestida na ampliação da capacidade produtiva do país. Estima-se que, no período 1973-1979, a saída de divisas na forma de receitas do investimento estrangeiro direto foi de 1,7 bilhões de francos CFA[12] por ano, enquanto os novos investimentos somaram apenas 1,3 bilhões de francos CFA por ano.

A insuficiência de investimentos produtivos leva o Estado alto-voltense a desempenhar um papel fundamental na economia nacional, por meio de incentivos que visam complementar o investimento privado. Situação difícil, quando se sabe que o orçamento do Estado é essencialmente constituído por receitas fiscais (85% do total das receitas), majoritariamente tarifas de importação e impostos.

As receitas do Estado financiam, além do esforço de investimento nacional, também as despesas do Estado, 70% das quais correspondem ao pagamento de salários dos funcionários públicos

---

[12] Franco CFA: moeda criada e imposta pela França em 1945, significando originalmente "Franco das Colônias Francesas em África". Atualmente é a moeda utilizada por 14 países da África Ocidental e Central, conformando a Zona do Franco, que é submetida a um sistema comum de taxas de câmbio, com relação fixa e permanente com o euro, e à interferência direta do Estado francês. Os países da Zona do Franco têm tendencialmente os mais baixos índices de desenvolvimento e os maiores índices de pobreza no continente. (N. T.)

e ao custeio dos serviços administrativos. O que resta então para os investimentos sociais e culturais?

No campo da educação, nosso país está entre os mais atrasados, com uma taxa de crianças matriculadas de 16,4 % e uma taxa de analfabetismo que chega a 92%, em média. Isso significa que de 100 alto-voltenses, apenas oito parecem saber ler e escrever, em algum idioma.

Em termos de saúde, a taxa de adoecimento e mortalidade é uma das mais altas da sub-região [África Ocidental], devido à proliferação de doenças transmissíveis e às deficiências nutricionais. Aliás, como evitar uma situação tão catastrófica quando dispomos de apenas um leito de hospital para cada 1.200 habitantes e de um só médico para cada 48 mil habitantes?

Estes poucos elementos bastam para ilustrar o legado que nos deixaram 23 anos de neocolonização, 23 anos de uma política de absoluta capitulação nacional. Esta situação, das mais lamentáveis, não pode deixar indiferente nenhum alto-voltense que ame e respeite seu país.

De fato, nosso povo, povo corajoso e trabalhador, nunca foi capaz de tolerar tal situação. E por entender que isso não se devia a uma fatalidade, mas a uma organização da sociedade sobre bases injustas visando o benefício exclusivo de uma minoria, sempre desenvolveu múltiplas formas de luta, buscando os caminhos e os meios para colocar um ponto final na antiga ordem de coisas.

Por essa razão, nosso povo comemorou ardentemente o advento do Conselho Nacional da Revolução e da Revolução de Agosto, que é o resultado final e a recompensa aos esforços e sacrifícios feitos com o objetivo de derrubar a velha ordem, estabelecer uma nova ordem capaz de restituir os direitos do homem [e da mulher] alto-voltense e dar um lugar de destaque ao nosso país no concerto das nações livres, prósperas e respeitadas.

As classes parasitárias que sempre tiraram proveito do Alto Volta colonial e neocolonial são e continuarão sendo hostis às transformações implementadas pelo processo revolucionário iniciado em 4 de agosto de 1983. E isso por estarem, desde sempre, umbilicalmente ligadas ao imperialismo internacional. Continuarão sendo as fervorosas defensoras dos privilégios adquiridos por sua fidelidade ao imperialismo.

Não importa o que se faça nem o que se diga, permanecerão sempre iguais, e continuarão a urdir tramas e intrigas para reconquistar seu "reino perdido". Destes saudosistas não se deve esperar nenhuma mudança de mentalidade ou de atitude. Só entendem e se sensibilizam mediante a linguagem da luta, a luta das classes revolucionárias contra os exploradores e opressores dos povos.

Para eles, nossa revolução será a coisa mais autoritária que existe; um ato pelo qual o povo imporá sua vontade por todos os meios disponíveis e, se preciso for, pelas armas.

Mas quem são esses inimigos do povo? Eles revelaram perante o povo sua verdadeira face durante os acontecimentos de 17 de maio, em seu ódio contra as forças revolucionárias. O povo pôde identificar seus inimigos no calor da ação revolucionária. São eles:
1) a burguesia alto-voltense, que pode se distinguir, pela função que desempenha, em burguesia de Estado, burguesia compradora[13] e média burguesia.
   - Burguesia de Estado: é a fração conhecida como burguesia político-burocrática. Trata-se de uma burguesia que enriqueceu de forma ilícita e vil graças a uma condição de monopólio político. Fez uso do aparato estatal da mesma maneira que o capitalista industrial utiliza seus meios

---

[13] Burguesia compradora, na terminologia marxista, é aquela que tem o papel de simples intermediária dos interesses externos no espaço nacional. (N. T.)

de produção para acumular as mais-valias derivadas da exploração da força de trabalho dos operários. Essa fração da burguesia jamais abrirá mão voluntariamente de seus antigos privilégios para assistir, passivamente, às transformações revolucionárias em curso.

- Burguesia comercial: devido à própria natureza de suas atividades, essa fração está ligada ao imperialismo por múltiplos vínculos. A abolição da dominação imperialista significa para ela a morte da "galinha dos ovos de ouro". É por isso que se oporá com todas as suas forças à presente revolução. É nessa categoria que são recrutados, por exemplo, os comerciantes desonestos que tentam condenar o povo à fome, retirando alimentos de circulação para fins de especulação e de sabotagem econômica.

- Média burguesia: mesmo tendo ligações com o imperialismo, essa fração da burguesia alto-voltense disputa com ele o controle do mercado. Mas como é economicamente mais frágil, acaba sendo excluída pelo imperialismo. Portanto, tem queixas contra o imperialismo, mas também tem medo do povo e esse medo pode levá-la a cerrar fileiras ao lado do imperialismo. No entanto, uma vez que a dominação imperialista sobre nosso país a impede de desempenhar seu verdadeiro papel de burguesia nacional, alguns de seus elementos, sob determinadas condições, poderiam ser favoráveis à revolução, passando assim objetivamente para o campo popular. É necessário, entretanto, desenvolver uma desconfiança revolucionária para com esses elementos que se juntam à revolução e ao povo, porque, sob esse disfarce, acorrerão oportunistas de todos os tipos.

2) As forças retrógradas cujo poder advém das estruturas tradicionais, de tipo feudal, de nossa sociedade. Em sua maioria, essas forças souberam resistir firmemente ao imperialismo colonialista francês. Mas desde que nosso país acedeu à soberania nacional, elas se uniram à burguesia reacionária para oprimir o povo alto-voltense. Essas forças submeteram as massas camponesas a verdadeiros "currais eleitorais", o que lhes permitia todo tipo de manipulação.

Para preservar seus interesses, que são comuns aos do imperialismo e opostos aos do povo, essas forças reacionárias frequentemente recorrem aos valores decadentes de nossa cultura tradicional, que ainda estão bem vivos nas áreas rurais. Essas forças retrógradas se oporão à nossa revolução, enquanto esta visa democratizar as relações sociais no campo, envolver os camponeses na tomada de decisões e fornecer-lhes mais educação e mais conhecimento para que sejam agentes de sua própria emancipação econômica e cultural.

Estes são os inimigos do povo na revolução em curso, inimigos que o próprio povo identificou durante os acontecimentos de maio. Estes indivíduos eram a maioria no grupo de manifestantes que, protegidos por um cordão militar, declaravam seu apoio de classe ao já combalido regime que resultara do golpe de Estado reacionário e pró-imperialista.[14]

Fora as classes e estratos sociais reacionários e antirrevolucionários listados, o restante da população constitui o povo alto-

---

[14] Em resposta às manifestações massivas da juventude nos dias 20 e 21 de maio de 1983 pedindo a libertação de Sankara e o fim do regime, partidários do presidente Jean-Baptiste Ouedraogo organizam uma contramanifestação, em apoio ao autogolpe que ele havia desferido, que, entretanto, fracassou. (N. T.)

-voltense. Um povo que, na luta concreta diária contra os vários regimes neocoloniais, nunca deixou de manifestar o quanto abomina a dominação e a exploração imperialista. Na revolução em curso, esse povo inclui:

1) A classe operária alto-voltense, jovem e pouco numerosa, mas que em suas lutas incessantes contra os patrões soube provar que é uma classe verdadeiramente revolucionária. É uma classe que tem tudo a ganhar e nada a perder com a atual revolução. Ela não tem meios de produção a perder, não tem propriedade a defender no contexto da antiga sociedade neocolonial. Em contrapartida, está convencida de que a revolução é tarefa sua, pois sairá desse processo amadurecida e fortalecida.

2) A pequena burguesia, estrato social numeroso e muito instável, frequentemente indecisa entre a causa das massas populares e a do imperialismo. A grande maioria acaba se colocando, em geral, ao lado das massas populares. Compreende os mais diversos elementos, entre eles: pequenos comerciantes, intelectuais pequeno-burgueses (funcionários públicos, estudantes, alunos, empregados do setor privado etc.), artesãos.

3) O campesinato alto-voltense, majoritariamente formado por pequenos camponeses dependentes da propriedade parcelar, devido à progressiva desintegração da propriedade coletiva a partir da introdução do modo de produção capitalista em nosso país. As relações mercantis vêm dissolvendo cada vez mais os laços comunitários e, em seu lugar, se estabelece a propriedade privada dos meios de produção. Nesta nova condição produzida pela penetração do capitalismo no campo, o camponês alto-voltense que se encontra vinculado à pequena propriedade encarna as

relações burguesas de produção. Em vista de todas essas considerações, o campesinato alto-voltense é parte integrante da categoria da pequena burguesia. Historicamente e por sua atual condição, é o estrato social que mais sofreu as consequências da dominação e exploração imperialistas. A situação de atraso econômico e cultural que caracteriza o campo no Alto Volta manteve durante muito tempo o campesinato afastado das grandes correntes progressistas e modernizantes, relegado ao papel de "curral eleitoral" de partidos políticos reacionários. No entanto, ele tem interesse na revolução e constitui sua principal força do ponto de vista numérico.

4) O lumpemproletariado: categoria formada por indivíduos que não pertencem a nenhuma classe social e por elementos marginalizados que, devido a sua situação de não trabalho, estão dispostos a atuar a serviço das forças reacionárias e contrarrevolucionárias, executando o trabalho sujo na condição de mercenários. Enquanto a revolução for capaz de trazê-los para o seu lado, atribuindo-lhes tarefas convenientes, eles poderão se converter em seus fervorosos defensores.

O caráter e o alcance da Revolução de Agosto

As revoluções que ocorrem em todo o mundo não são iguais. Cada revolução traz sua originalidade que a distingue das outras. A nossa revolução, a Revolução de Agosto, não foge à regra. Ela leva em conta as particularidades de nosso país, seu grau de desenvolvimento e de submissão ao sistema capitalista imperialista mundial.

Nossa revolução é uma revolução que se desenvolve em um país agrícola atrasado, em que o peso das tradições e da ideologia próprias a uma organização social de tipo feudal se impõe com toda força sobre as massas populares. É uma revolução em um país que, devido à dominação e à exploração exercidas pelo imperialismo sobre nosso povo, deixou de ser uma antiga colônia para se encontrar em uma situação neocolonial.

É uma revolução que ocorre em um país ainda caracterizado pela inexistência de uma classe trabalhadora organizada e consciente de sua missão histórica e, portanto, sem qualquer tradição de luta revolucionária. É uma revolução que transcorre em um pequeno país do continente no momento em que, no plano internacional, o movimento revolucionário se desintegra cada vez mais, sem que seja possível vislumbrar a constituição de um bloco homogêneo capaz de impulsionar e de apoiar de maneira pragmática os movimentos revolucionários emergentes. Este conjunto de circunstâncias históricas, geográficas e sociológicas confere à nossa revolução uma marca singular determinada.

A Revolução de Agosto apresenta um duplo caráter: trata-se de uma revolução democrática e popular. Suas tarefas primordiais são liquidar a dominação e a exploração imperialistas, e remover todos os obstáculos sociais, econômicos e culturais que mantêm o campo numa condição de atraso. Daí decorre seu caráter democrático.

Seu caráter popular deriva da plena participação das massas populares alto-voltenses, mobilizadas em torno de palavras de ordem democráticas e revolucionárias que de fato traduzem seus próprios interesses, opostos aos das classes reacionárias aliadas ao imperialismo. Esse caráter popular da Revolução de Agosto também reside no fato de que, no lugar da antiga máquina do Estado, está se construindo uma nova máquina capaz de garantir o exercício democrático do poder, pelo povo e para o povo.

Mesmo sendo uma revolução anti-imperialista, nossa revolução atual, conforme a caracterizamos, ainda se realiza dentro dos limites do regime econômico e social burguês. Ao procedermos anteriormente à análise das classes sociais da sociedade alto-voltense, sustentamos a ideia de que sua burguesia não se constitui como uma massa única, homogênea, reacionária e antirrevolucionária. Com efeito, o que caracteriza a burguesia dos países subdesenvolvidos do ponto de vista capitalista é sua incapacidade congênita de revolucionar a sociedade de modo análogo à burguesia dos países europeus dos anos 1780, ou seja, da época em que ainda era uma classe ascendente.

Tais são os traços característicos e os limites desta revolução desencadeada no Alto Volta em 4 de agosto de 1983. Definir corretamente seu significado e perceber claramente suas características e limites nos preserva dos perigos de possíveis desvios e excessos, que prejudicariam a marcha vitoriosa da revolução. Que todos aqueles que assumiram a causa da Revolução de Agosto sejam imbuídos desta diretriz, para que possam assumir seu papel de revolucionários conscientes e, na qualidade de verdadeiros propagandistas, intrépidos e incansáveis, divulgá-lo entre as massas.

Já não basta se autointitular revolucionário, é preciso também aprofundar o significado da revolução tão apaixonadamente defendida. Este é o meio mais eficaz de defendê-la contra os ataques e deformações que os contrarrevolucionários não deixarão de lhe opor. Saber vincular a teoria revolucionária à prática revolucionária será o critério decisivo para distinguir, de agora em diante, os revolucionários coerentes de todos aqueles que aderem à revolução movidos por interesses externos à causa revolucionária.

A respeito da soberania do povo no exercício do poder revolucionário

Já dissemos que um dos traços distintivos da Revolução de Agosto, e que lhe confere seu caráter popular, é ser o movimento da imensa maioria em benefício da imensa maioria. É uma revolução feita pelas próprias massas populares alto-voltenses, com suas próprias palavras de ordem e aspirações. O objetivo desta revolução consiste em fazer com que o povo assuma o poder. É por isso que o primeiro ato da revolução, após a Proclamação de 4 de agosto, foi o apelo dirigido ao povo para a criação dos Comitês de Defesa da Revolução (CDR). Para que esta revolução seja verdadeiramente popular, terá de proceder à destruição da máquina estatal neocolonial e organizar um novo aparelho capaz de garantir a soberania do povo – tal é a convicção do Conselho Nacional da Revolução (CNR). A questão de saber como se exercerá esse poder popular, como se organizará esse poder, é uma questão essencial para o futuro de nossa revolução.

A história do nosso país até hoje foi essencialmente dominada pelas classes exploradoras e conservadoras, que exerceram a sua ditadura antidemocrática e antipopular por meio do controle da política, da economia, da ideologia, da cultura, da administração e da justiça.

O primeiro objetivo da revolução é transferir o poder das mãos da burguesia alto-voltense, aliada ao imperialismo, para as mãos da aliança de classes populares que constituem o povo. Isso quer dizer que, de agora em diante, contra a ditadura antidemocrática e antipopular da aliança reacionária das classes sociais favoráveis ao imperialismo, o povo no poder deverá opor seu poder democrático e popular.

Este poder democrático e popular será o alicerce, a sólida base do poder revolucionário no Alto Volta. A sua tarefa principal será a completa transformação de todo o aparelho do Estado, com as suas leis, sua administração, seus tribunais, sua polícia, seu Exército, que eram moldados para servir e defender os interesses egoístas das classes e camadas sociais reacionárias. Sua tarefa será organizar a luta contra as conspirações contrarrevolucionárias desejosas de reconquistar o "paraíso perdido", visando esmagar completamente a resistência dos reacionários saudosistas do passado. Aqui residem a necessidade e o papel dos CDRs, como ponto de apoio das massas populares no combate aos redutos reacionários e contrarrevolucionários.

Para uma compreensão adequada da natureza, papel e funcionamento dos CDRs

A construção do Estado de democracia popular, que é o objetivo final da Revolução de Agosto, não é e nem será obra de um único dia. É uma tarefa árdua que exigirá de nós enormes sacrifícios. O caráter democrático desta revolução nos impõe uma descentralização e uma desconcentração do poder administrativo para aproximar a administração do povo, visando tornar a coisa pública um assunto do interesse de todos. Nesse gigantesco trabalho de longo prazo, para maior eficiência, nos comprometemos a remodelar o mapa administrativo do país.[15]

Também iniciamos um processo de renovação na direção das repartições governamentais, em um sentido mais revolucionário. Ao mesmo tempo, "licenciamos" funcionários e militares que, por diversas razões, não podem andar no compasso da presente revolução. Ainda temos muito a fazer e temos consciência disso.

O Conselho Nacional da Revolução, que é no processo revolucionário desencadeado em 4 de agosto o poder de concepção, direção e controle da vida nacional, nos planos político, econômico e social, deve ter instâncias locais nos vários setores da vida nacional. Aí reside o verdadeiro sentido da criação dos CDRs, que são

---

[15] Como parte deste processo, uma nova divisão territorial havia entrado em vigor em setembro daquele ano, com os distritos e aldeias organizados em 250 departamentos, que por sua vez passavam a compor 30 províncias. (N. T.)

os representantes do poder revolucionário nas aldeias, nos bairros das cidades, nos locais de trabalho.

Os CDRs constituem a autêntica organização do povo no exercício do poder revolucionário. É o instrumento que o povo forjou para se tornar verdadeiramente senhor de seu destino e, assim, estender seu controle em todas as esferas da sociedade. As armas do povo, o poder do povo, a riqueza do povo, o povo é quem irá controlar, e para isso existem os CDRs.

Suas funções são amplas e diversificadas. Sua principal missão é a organização do povo alto-voltense como um todo, com o objetivo de engajá-lo na luta revolucionária. O povo assim organizado nos CDRs assume não apenas o controle dos problemas que dizem respeito ao seu futuro, como também toma parte nas decisões e na sua concretização. Enquanto teoria correta para destruir a antiga ordem e construir em seu lugar um novo tipo de sociedade, a revolução só pode ser conduzida por aqueles cujo interesse ela representa.

Os CDRs são, portanto, as brigadas que se dedicarão a combater todos os focos de resistência. Eles são os construtores do Alto Volta revolucionário. São o fermento que deverá levar a revolução a todas as províncias, todas as nossas aldeias, todos os serviços públicos e privados, todos os lares, todos os ambientes. Para que isso seja possível, os militantes revolucionários integrantes dos CDRs devem se dedicar com o máximo entusiasmo às seguintes tarefas essenciais:

1) ação direcionada aos membros do CDR: cabe aos militantes revolucionários assumir o trabalho de educação política de seus camaradas. Os CDRs devem ser escolas de formação política. Os CDRs são os locais apropriados para os militantes discutirem as decisões das instâncias superiores da revolução, do CNR e do governo;

2) a ação direcionada às massas populares visa levá-las a aderir massivamente aos objetivos do CNR por meio de uma atividade de agitação e propaganda audaciosa e permanente. Os CDRs devem ser capazes de combater a propaganda mentirosa e as falsas calúnias da reação, mediante uma propaganda e uma explicação revolucionária adequadas, segundo o princípio de que só a verdade é revolucionária. Os CDRs devem estar atentos para ouvir as massas a fim de conhecer sua disposição de ânimo, suas necessidades, para informar oportunamente o CNR e fazer propostas concretas a respeito. Espera-se que estudem as questões relativas à ampliação dos direitos das massas populares, apoiando suas iniciativas.

O contato direto com as massas populares, por meio da organização periódica de assembleias abertas onde sejam discutidas questões de seu interesse, é uma necessidade imperiosa para os CDRs se quiserem ajudar na correta aplicação das diretrizes do CNR. Assim, na ação de propaganda, as decisões do CNR serão explicadas às massas. Serão também explicadas todas as medidas destinadas a melhorar as suas condições de vida. Os CDRs devem lutar ao lado das massas populares das cidades e do campo contra os inimigos e as adversidades da natureza, pela transformação de sua existência material e moral;

3) os CDRs deverão trabalhar de maneira racional, refletindo assim uma das características da nossa revolução: o rigor. Consequentemente, devem adotar planos de ação coerentes, ambiciosos e aplicáveis a todos os seus membros.

Desde o dia 4 de agosto, data que já se tornou histórica para o nosso povo, em resposta ao chamamento do CNR, o povo do Alta Volta tem desenvolvido iniciativas visando a constituição de CDRs. Assim surgiram CDRs nas aldeias, nos bairros das cidades, e em pouco tempo também nos locais de trabalho, nos serviços públicos, nas fábricas, dentro do Exército. Tudo isso é resultado da ação espontânea das massas. Agora convém trabalhar para que se estruturem internamente de maneira simples e transparente, e para que se organizem em escala nacional. É nisso que está trabalhando a secretaria-geral nacional dos CDRs atualmente. Enquanto aguardamos as conclusões dos processos de reflexão que estão sendo desenvolvidos com base nas experiências já acumuladas, nos contentaremos em esboçar as linhas gerais e os princípios orientadores do funcionamento dos CDRs.

A ideia fundamental que orienta a criação dos CDRs consiste na democratização do poder. Dessa maneira, os CDRs passam a ser os órgãos por meio dos quais o povo exerce o poder local derivado do poder central investido no CNR. O CNR constitui, para além das bases do Congresso Nacional, o poder supremo. É o corpo dirigente de todo este edifício cujo princípio orientador é o centralismo democrático.

O centralismo democrático assenta, por um lado, na subordinação dos órgãos inferiores aos escalões superiores, sendo o mais alto o CNR, ao qual estão subordinadas todas as organizações. Em contrapartida, este centralismo mantém-se democrático, uma vez que em todos os níveis os representantes devem obrigatoriamente ser eleitos; e que os órgãos locais têm autonomia reconhecida em todos os assuntos de sua alçada, embora dentro dos limites e do respeito às orientações gerais traçadas pela instância superior.

A moral revolucionária no âmbito dos CDRs

A revolução visa a transformação da sociedade em todos os aspectos: econômico, social e cultural. Aspira criar um novo alto-voltense, com uma integridade e um comportamento social exemplares, que inspirem a admiração e a confiança das massas. A dominação neocolonial levou nossa sociedade a um tal estado de decomposição que levaremos anos para limpá-la.

No entanto, os militantes do CDR devem forjar uma nova consciência e um novo comportamento para dar bom exemplo às massas populares. Ao fazermos a revolução, devemos cuidar de nossa própria transformação qualitativa. Sem uma transformação qualitativa dos sujeitos dos quais se espera que sejam os arquitetos da revolução, é praticamente impossível criar uma nova sociedade livre de corrupção, roubo, mentira e individualismo de maneira geral.

Devemos nos esforçar para que nossas ações estejam de acordo com nossas palavras, ficar atentos ao nosso comportamento social para não abrir o flanco aos ataques dos contrarrevolucionários que estão à espreita. Manter sempre em mente que o interesse das massas populares tem precedência sobre o interesse pessoal nos preservará de qualquer desvio.

O ativismo de certos militantes que alimentam o sonho contrarrevolucionário de acumular bens e lucros por intermédio dos CDRs deve ser denunciado e combatido. O estrelismo deve ser eliminado. Quanto mais cedo essas deficiências forem enfrentadas, melhor para a revolução.

O revolucionário, do nosso ponto de vista, é aquele que sabe ser modesto ao mesmo tempo que é o mais determinado nas tarefas que lhe são confiadas. Ele as cumpre sem se gabar e não espera recompensa.

Temos notado que certos elementos, que participaram ativamente na revolução esperando que lhes fosse reservado um tratamento privilegiado, honras e cargos importantes, uma vez que não tiveram sucesso, por despeito assumiram uma postura de boicote. Esta é a prova de que participaram da revolução sem nunca terem compreendido seus reais objetivos. Não estamos fazendo uma revolução simplesmente para ocupar o lugar dos antigos potentados que derrubamos. Não participamos da revolução com uma motivação vingativa, pelo desejo de uma situação vantajosa: "dê o fora, agora é minha vez". Este tipo de motivação é alheio ao ideal da Revolução de Agosto, e evidencia os desvios pequeno-burgueses próprios de defensores do *status quo*, quando não o oportunismo de perigosos contrarrevolucionários.

A imagem do revolucionário que o CNR pretende gravar na consciência de todos é a do militante totalmente unido às massas, que confia nelas e as respeita, que abandonou qualquer atitude de desprezo em relação a elas. Ele não se considera um mestre a quem essas massas devam obediência e submissão. Ao contrário, aprende com elas, ouve-as com atenção e leva em conta seus pontos de vista. Deixa para trás os métodos autoritários, que são próprios dos burocratas reacionários.

A revolução é diferente da anarquia destrutiva. Requer disciplina e uma linha de conduta exemplar. Atos de vandalismo e ações aventureiras de todo tipo, em vez de fortalecerem a revolução angariando o apoio das massas, a enfraquecem e provocam o afastamento das imensas massas. É por isso que os membros dos CDRs devem elevar seu próprio senso de responsabilidade perante o povo e buscar inspirar respeito e admiração.

Essas deficiências geralmente decorrem da ignorância acerca do caráter e dos objetivos da revolução. E para evitá-las, precisamos nos dedicar seriamente ao estudo da teoria revolucionária. O estudo teórico aumenta nossa compreensão dos fenômenos, ilumina nossas ações e nos protege de muitas suposições equivocadas. Devemos agora dar especial importância a este aspecto da questão e nos esforçar para sermos exemplos que estimulem os demais a nos seguir.

Por um revolucionamento de todos os setores da sociedade alto-voltense

Todos os regimes políticos que se sucederam até então se empenharam em estabelecer um conjunto de medidas para uma melhor gestão da sociedade neocolonial. As mudanças implementadas por esses diversos regimes se resumiam à configuração de novas equipes no âmbito da manutenção do poder neocolonial. Nenhum desses regimes queria nem podia questionar os fundamentos socioeconômicos da sociedade alto-voltense. Razão pela qual todos falharam.

A Revolução de Agosto não pretende estabelecer um regime a mais no Alto Volta. Ela vem romper com todos os regimes conhecidos até o momento. Seu objetivo final é a construção de uma sociedade alto-voltense nova, dentro da qual o cidadão alto-voltense, movido por uma consciência revolucionária, será o arquiteto de sua própria felicidade, uma felicidade à altura dos esforços realizados.

Com este propósito, a revolução consistirá numa transformação total e profunda que não poupará nenhuma área, nenhum setor de atividade econômica, social e cultural, por mais que isso desagrade as forças conservadoras e retrógradas.

Revolucionar todas as áreas, todos os setores, é a palavra de ordem adequada ao momento presente. Com base nesta diretriz orientadora, cada cidadão, seja qual for o nível em que se encontre, deve se comprometer a revolucionar o seu setor de atividade.

Desde já, a filosofia das transformações revolucionárias afetará os seguintes setores: 1) o Exército Nacional; 2) a política da mulher; 3) a edificação da economia.

1) O Exército Nacional: seu lugar na Revolução Democrática e Popular

De acordo com a doutrina de defesa do Alto Volta revolucionário, um povo consciente não pode confiar a defesa de sua pátria a um grupo de homens, por mais competentes que possam ser. Os povos conscientes assumem para si a defesa de sua pátria. Dessa maneira, nossas Forças Armadas constituem apenas um destacamento mais especializado do que o restante do povo para exercer as tarefas de segurança interna e externa do Alto Volta. Da mesma forma, embora a saúde do povo do Alto Volta seja assunto do povo e de cada indivíduo alto-voltense, existe e existirá um corpo médico mais especializado dedicando mais tempo à questão da saúde pública.

A revolução impõe três missões às Forças Armadas Nacionais:
1) ser capaz de combater qualquer inimigo interno e externo, e promover a formação militar do restante do povo. Isso pressupõe uma capacidade operacional aumentada, em que cada soldado seja um combatente qualificado, em vez do antigo Exército que era apenas uma massa de funcionários;
2) participar da produção nacional. Com efeito, o novo militar deve viver e sofrer no seio do povo ao qual pertence. Acabou-se o Exército sustentado pelo Estado. A partir de agora, além do manejo de armas, ele estará no campo, na criação de rebanhos de gado, ovelhas e aves. Construirá escolas e centros de saúde e será responsável por seu funcionamento, atuará na manutenção de estradas e transportará entre as regiões, por via aérea, o correio, os doentes e produtos agrícolas;
3) formar cada soldado como um militante revolucionário. Foi-se o tempo em que se fingia a neutralidade e o apolitismo do Exército, quando na verdade ele era utilizado como baluarte da reação e garantidor dos interesses imperialistas!

Acabaram-se os dias em que nosso Exército Nacional se comportava como um grupo de mercenários estrangeiros em território conquistado! Esse tempo agora acabou, para sempre. Munidos de formação política e ideológica, nossos soldados, sargentos e oficiais, engajados no processo revolucionário, deixarão de ser criminosos em potencial para se tornarem revolucionários conscientes, presentes no meio do povo como um peixe na água.

Exército a serviço da revolução, o Exército Nacional Popular não dará espaço a nenhum militar que despreze, desrespeite ou brutalize seu povo. Um Exército Popular a serviço do povo, assim é o novo Exército que vamos construir no lugar daquele Exército neocolonial que era um verdadeiro instrumento de opressão e repressão nas mãos da burguesia reacionária, que o utilizava para dominar o povo. Tal Exército será fundamentalmente diferente do antigo, tendo em vista sua organização interna e princípios operacionais. Assim, em lugar da obediência cega dos soldados em relação aos chefes, dos subordinados aos superiores, desenvolver-se-á uma disciplina saudável que, embora rigorosa, assentará na adesão consciente dos homens e das tropas.

Ao contrário do que pensam oficiais reacionários movidos pelo espírito colonial, a politização do Exército, o seu revolucionamento, não significa o fim da disciplina. A disciplina em um Exército politizado terá um novo conteúdo. Será uma disciplina revolucionária. Ou seja, uma disciplina que tira sua força do fato de que o oficial e o praça, o militar graduado e o militar sem patente, são iguais quanto à dignidade humana e diferem entre si apenas por suas tarefas concretas e suas respectivas responsabilidades. Baseando-se nessa compreensão das relações entre os homens, os líderes militares devem respeitar seus homens, amá-los e tratá-los com justiça.

Também aqui os Comitês de Defesa da Revolução têm um papel fundamental a desempenhar. Os militantes do CDR no seio do Exército deverão ser os incansáveis pioneiros da construção do Exército Nacional Popular do Estado Democrático e Popular, cujas tarefas essenciais serão:

1) no âmbito interno, a defesa dos direitos e interesses do povo, manutenção da ordem revolucionária e salvaguarda do poder democrático e popular;
2) externamente, a defesa da integridade territorial.

2) A mulher alto-voltense: seu papel na Revolução Democrática e Popular

O peso das tradições ancestrais de nossa sociedade condena as mulheres à condição de bestas de carga. Todos os flagelos da sociedade neocolonial recaem de maneira redobrada sobre a mulher: primeiro, ela enfrenta os mesmos sofrimentos que o homem; em segundo lugar, ela é submetida pelo homem a outros sofrimentos.

A nossa revolução diz respeito a todos os oprimidos, a todos os explorados na sociedade atual. Interessa, portanto, à mulher, porque a base de sua dominação pelo homem se encontra no sistema de organização da vida política e econômica da sociedade. Ao transformar a ordem social que oprime as mulheres, a revolução cria as condições para a sua verdadeira emancipação.

Tanto as mulheres quanto os homens de nossa sociedade são vítimas da opressão e da dominação imperialista. É por essa razão que travam uma luta comum. A revolução e a libertação das mulheres andam de mãos dadas. E não é um ato de caridade ou um impulso de humanismo falar da emancipação da mulher. Trata-se de uma necessidade fundamental para o triunfo da revolução. As mulheres sustentam a outra metade do céu.

Criar na mulher alto-voltense uma nova mentalidade que lhe permita assumir o destino do país ao lado do homem é uma das tarefas primordiais da revolução. O mesmo vale para a necessária mudança nas atitudes dos homens em relação à mulher.

Até agora, a mulher tinha sido excluída das esferas de tomada de decisão. Ao inserir a mulher nesses espaços, a revolução cria as condições para liberar a iniciativa de luta das mulheres. Em sua política revolucionária, o CNR trabalhará pela mobilização, organização e união de todas as forças vivas da nação e a mulher não ficará atrás. Estará associada a todas as batalhas que teremos de travar contra os vários obstáculos da sociedade neocolonial e em prol da construção de uma nova sociedade. Estará inserida na organização da vida da nação como um todo, em todos os níveis, de concepção, decisão e execução. O objetivo final desse grandioso empreendimento é construir uma sociedade livre e próspera onde a mulher seja igual ao homem em todas as áreas.

No entanto, é preciso um entendimento adequado sobre a questão da emancipação da mulher. Não se trata de uma igualdade mecânica entre homem e mulher. De conquistar o direito aos hábitos atribuídos ao homem: beber, fumar, usar calças. A emancipação da mulher não é isso.

Tampouco será a aquisição de diplomas a tornar a mulher igual ao homem, ou mais emancipada. O diploma não é um passe livre para a emancipação.

A verdadeira emancipação da mulher é aquela que torna a mulher responsável pela tomada de decisões, que a associa às atividades produtivas, às diversas lutas que o povo enfrenta. A verdadeira emancipação da mulher é aquela que impõe ao homem o respeito e a consideração. A emancipação, assim como a liberdade, não é concedida, ela é conquistada. E cabe às próprias mulheres pautarem suas reivindicações e se mobilizarem para que sejam atendidas.

Com isso, a Revolução democrática e popular criará as condições necessárias para permitir a realização plena da mulher alto--voltense. Com efeito, como seria possível liquidar o sistema de exploração mantendo exploradas essas mulheres que constituem mais da metade de nossa sociedade?

3) Uma economia nacional independente, autossuficiente e planificada a serviço de uma sociedade democrática e popular

O desenvolvimento das transformações revolucionárias empreendidas desde 4 de agosto coloca em pauta grandes reformas democráticas e populares. Assim, o Conselho Nacional da Revolução tem plena consciência de que a construção de uma economia nacional, independente, autossuficiente e planificada requer a transformação radical da sociedade atual, uma transformação que por sua vez pressupõe as seguintes grandes reformas:
– reforma agrária;
– reforma administrativa;
– reforma escolar;
– reforma das estruturas de produção e de distribuição no setor moderno [da economia].

A reforma agrária terá como objetivos:
– o aumento da produtividade do trabalho por meio de uma melhor organização dos camponeses e da introdução de técnicas agrícolas modernas no mundo rural;
– o desenvolvimento de uma agricultura diversificada associada à especialização regional;
– a abolição de todos os obstáculos próprios às estruturas socioeconômicas tradicionais que oprimem os camponeses;
– finalmente, fazer da agricultura um ponto de apoio para o desenvolvimento da indústria.

Isso será possível dando significado real à palavra de ordem da autossuficiência alimentar, que caiu em desuso por ter sido tantas vezes anunciada de maneira leviana. Inicialmente, teremos de enfrentar a dura luta contra a natureza que, aliás, não é mais inóspita entre nós do que entre outros povos que souberam engenhosamente conquistá-la no plano agrícola. O Conselho Nacional da Revolução não alimentará ilusões com projetos gigantescos e sofisticados. Ao contrário, um grande número de pequenas realizações no sistema agrícola permitirá transformar nosso território num vasto campo, uma sequência infindável de unidades agrícolas. Em seguida, a luta contra aqueles que promovem a fome do povo, especuladores e capitalistas agrícolas de toda espécie. Por fim, a proteção de nossa agricultura contra a dominação imperialista que lhe impõe um direcionamento, realiza a pilhagem de nossos recursos e estabelece uma concorrência desleal com nossas produções locais por meio de importações cuja única qualidade é a embalagem para burgueses que precisam reafirmar seu esnobismo. Preços compensadores e unidades agroindustriais garantirão mercados para as produções dos camponeses em qualquer época do ano.

A reforma administrativa visa corrigir o funcionamento da administração herdada da colonização. Para tal, terá de se livrar de todos os males que a caracterizam, nomeadamente a pesada e maçante burocracia e suas consequências, e proceder a uma revisão integral dos estatutos da Função Pública. A reforma deverá conduzir a uma administração pouco onerosa, mais eficaz e mais flexível.

A reforma escolar visa promover uma nova orientação da educação e da cultura. Deverá resultar na transformação da escola em um instrumento a serviço da revolução. Aqueles por ela formados deverão estar a serviço das massas populares em vez de servir a seus próprios interesses e aos interesses das classes exploradoras. A educação revolucionária que será ministrada na nova escola deverá inculcar em cada indivíduo uma ideologia, uma personalidade alto-voltens que despoje o indivíduo de qualquer imitação. Na sociedade democrática e popular, será uma das vocações da escola ensinar estudantes de todos os níveis a assimilar de maneira crítica e positiva as ideias e experiências de outros povos.

Para superar o analfabetismo e o obscurantismo, será necessário mobilizar todas as energias na organização das massas, para sensibilizá-las e despertar nelas a sede de saber, mostrando-lhes as desvantagens da ignorância. Sem a participação dos principais interessados, qualquer política de combate ao analfabetismo está fadada ao fracasso.

Quanto à cultura, ela deve assumir um triplo caráter na sociedade democrática e popular: nacional, revolucionário/científico*[16] e popular. Tudo o que é antinacional, antirrevolucionário, anticientífico* e antipopular deve ser banido. Ao contrário, será promovida aquela parte de nossa cultura que celebrou nossa dignidade, nossa coragem, nosso nacionalismo e as grandes virtudes humanas.

A Revolução Democrática e Popular criará condições propícias ao surgimento de uma nova cultura. Nossos artistas terão total liberdade para avançarem ousadamente. Eles deverão aproveitar a oportunidade para alçar nossa cultura em escala mundial. Que os escritores coloquem a caneta a serviço da revolução. Que os músicos cantem não só o passado glorioso do nosso povo, mas também o seu futuro brilhante e promissor.

A revolução espera que nossos artistas saibam descrever a realidade, traduzi-la em imagens vivas, expressá-la em notas melodiosas ao mesmo tempo que indicam ao nosso povo a via adequada para um futuro melhor. Espera que eles coloquem seu gênio criativo a serviço de uma cultura alto-voltense, nacional, revolucionária, científica* e popular.

É preciso saber buscar o que há de bom no passado, ou seja, nas nossas tradições, e o que há de positivo nas culturas estrangeiras,

---

[16] Os termos indicados com asterisco constam no registro em áudio do Discurso de Orientação Política, mas não no texto escrito. (N. T.)

para dar uma dimensão nova à nossa cultura. A fonte inesgotável de inspiração criativa das massas encontra-se nas [próprias] massas populares. As principais preocupações dos nossos artistas devem ser saber conviver com as massas, engajar-se no movimento popular, partilhar as alegrias e sofrimentos do povo, trabalhar e lutar com ele. Antes de produzir, é necessário indagar: para quem estamos direcionando nossa criação? Se estivermos convencidos de que é para o povo que estamos criando, então devemos ter clareza do que é o povo, que elementos o compõem, quais são suas aspirações mais profundas.

Quanto à reforma nas estruturas de produção e distribuição de nossa economia: as reformas neste campo visam estabelecer gradualmente o controle efetivo do povo alto-voltense sobre os circuitos de produção e distribuição. Porque sem um verdadeiro domínio destes circuitos é praticamente impossível construir uma economia autônoma a serviço do povo.

Povo do Alto Volta,
Camaradas, companheiras e companheiros militantes da Revolução:
As necessidades de nosso povo são imensas. Satisfazer essas necessidades requer transformações revolucionárias em todas as áreas. Desse modo, no campo da saúde e da assistência social para as massas populares, os objetivos a serem alcançados podem ser assim resumidos:
- saúde ao alcance de todos;
- implementação da assistência e proteção materno-infantil;
- política de imunização contra doenças transmissíveis, por meio da multiplicação de campanhas de vacinação.
- conscientização das massas para a aquisição de hábitos de higiene adequados.

Todos esses objetivos não podem ser alcançados sem que as próprias massas populares estejam conscientemente empenhadas nesta luta, sob a orientação revolucionária dos serviços de saúde.

Na área da habitação, área de importância crucial, teremos de empreender uma política vigorosa para acabar com a especulação imobiliária e com a exploração dos trabalhadores por meio de tarifas abusivas de aluguel. Medidas significativas terão que ser tomadas nesta área para:
- estabelecer aluguéis razoáveis;
- realizar o rápido loteamento dos bairros;
- desenvolver em larga escala a construção de casas residenciais modernas, em número suficiente, e acessíveis aos trabalhadores.

Uma das preocupações essenciais do CNR é a união das diferentes nacionalidades presentes no Alto Volta na luta comum contra os inimigos de nossa revolução. De fato, há em nosso país uma multiplicidade de grupos étnicos que se diferenciam por sua língua e seus costumes. É o conjunto dessas nacionalidades que forma a nação do Alto Volta. Com sua política de dividir para governar, o imperialismo tem se empenhado em exacerbar as contradições entre elas, para colocá-las umas contra as outras.

A política do CNR visará a união dessas diferentes nacionalidades para que vivam em igualdade e gozem das mesmas oportunidades de sucesso. Para isso, será dada especial atenção:
- ao desenvolvimento econômico das diferentes regiões;
- a incentivar as trocas econômicas entre elas;
- a combater os preconceitos entre grupos étnicos, resolvendo as disputas existentes numa perspectiva de unidade;
- a punir os divisionistas.

Perante todos os problemas que o nosso país enfrenta, a revolução surge como um desafio que devemos enfrentar movidos pelo desejo da vitória, com a participação efetiva das massas populares mobilizadas no seio dos CDRs.

Em um futuro próximo, com o desenvolvimento dos programas setoriais, todo o território do Alto Volta será um vasto canteiro de obras onde será necessária a ajuda de todos os alto-voltenses aptos e em idade de trabalhar, na luta implacável que travaremos para transformar este país em um país próspero e radiante, um país onde o povo será o único dono da riqueza material e imaterial da nação.

Finalmente, devemos definir o lugar da Revolução Alto--Voltense no processo revolucionário mundial. Nossa revolução é parte integrante do movimento global pela paz e pela democracia, contra o imperialismo e todo tipo de imposição de hegemonia.

É por isso que nos esforçaremos para estabelecer relações diplomáticas com os demais países, independentemente de seu sistema político e econômico, com base nos seguintes princípios:
– respeito mútuo pela independência, integridade territorial e soberania nacional;
– não agressão mútua;
– não intervenção em assuntos internos;
– comércio com todos os países em pé de igualdade e com base no benefício mútuo.

Enviaremos nossa solidariedade e nosso apoio militante aos movimentos de libertação nacional que lutam pela independência dos seus países e pela libertação dos seus povos. Este apoio destina-se especialmente:
– ao povo da Namíbia sob a liderança da SWAPO;[17]

---

[17] Sigla em inglês para "Organização do Povo do Sudoeste Africano", movimento que lançou uma guerra de guerrilha bem-sucedida que culminou

- ao povo saaraui[18] em luta pela recuperação do seu território nacional;
- ao povo palestino em favor de seus direitos nacionais.

Os países africanos anti-imperialistas são aliados objetivos da nossa luta. Faz-se necessário uma aproximação com estes países, tendo em vista que está em curso uma reconfiguração das forças neocoloniais no nosso continente.

Viva a Revolução Democrática e Popular!
Viva o Conselho Nacional da Revolução!
Pátria ou morte, venceremos!

---

em 1990 na independência da Namíbia (anteriormente chamada Sudoeste Africano) em relação à África do Sul. (N. T.)

[18] Povo do Saara Ocidental cujo território se encontra ocupado militarmente pelo Marrocos desde 1976. (N. T.)

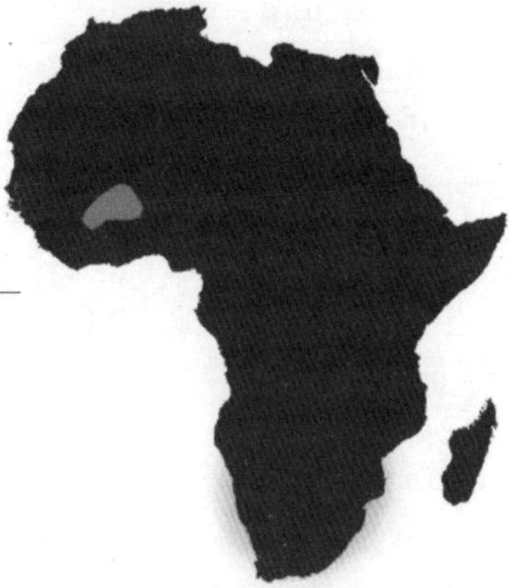

Discurso do comandante Thomas Sankara na 39ª Sessão Ordinária da Assembleia Geral das Nações Unidas[1]

4 de outubro de 1984

Senhor presidente, senhor secretário-geral, Ilustres representantes da comunidade internacional, Venho aqui transmitir-lhes a fraterna saudação de um país de 274 mil km², onde 7 milhões de crianças, mulheres e homens não aceitam mais morrer de ignorância, de fome e de sede, ainda sem terem acesso a uma vida verdadeira desde que existimos como Estado soberano representado na ONU, há um quarto de século.

Venho a esta 39ª Sessão falar em nome de um povo que escolheu daqui para frente afirmar-se na terra de seus antepassados e assumir sua própria história, com naturalidade, tanto em seus aspectos positivos como também nos negativos.

Venho, enfim, pelo mandato do Conselho Nacional da Revolução (CNR) de Burkina Faso, para expressar o ponto de vista de meu povo sobre os problemas que serão tratados na agenda desta sessão; e que constituem o trágico pano de fundo dos acontecimentos que abalam violentamente as estruturas do mundo neste

---

[1] O presente discurso foi originalmente distribuído pela representação de Burkina Faso na ONU. Traduzido a partir de Ziegler, Jean; Rapp, Jean-Philippe. *Thomas Sankara: un nouveau pouvoir africain*. Lausanne, Suisse: Pierre-Marcel Favre/ABC, 1986.

final do século XX. Um mundo em que a humanidade foi convertida em arena das disputas entre os grandes e os não-tão-grandes, e submetida a violências e pilhagens pela ação permanente de grupos armados.

Um mundo onde algumas nações, burlando a autoridade internacional, comandam grupos armados de foras da lei, que vivem de pilhagens e da coordenação dos tipos mais desprezíveis de tráfico.

Senhor presidente,
Não pretendo aqui afirmar dogmas. Não sou um messias nem um profeta. Não sou o detentor da verdade. Minha única ambição comporta um duplo anseio: em primeiro lugar, poder falar em nome do meu povo, o povo de Burkina Faso, numa linguagem simples, clara e verdadeira; em segundo lugar, dar voz também à grande "massa dos deserdados", aqueles que foram maliciosamente apelidados de Terceiro Mundo. Busco dessa maneira explicar as razões que temos de nos revoltar, mesmo não sendo tarefa fácil expressá-las.

Isso tudo evidencia a importância que atribuímos à ONU, onde as exigências de nossos direitos e, ao mesmo tempo, a plena consciência de nossos deveres ganham força e firmeza.

Não surpreende que vinculemos o antigo Alto Volta, hoje Burkina Faso, ao Terceiro Mundo, esse desprezado "balaio" heteróclito que os outros mundos inventaram na época das independências formais de nossos países, visando assegurar nossa alienação cultural, econômica e política. Terceiro Mundo ao qual desejamos nos integrar, mas sem com isso justificar este enorme engodo da História, muito menos para assumir o papel de "mundo atrasado" em oposição a um Ocidente "extremamente desenvolvido". Bem ao contrário, nosso objetivo é reafirmar que somos conscientes de pertencer a um conjunto tricontinental; enquanto um país não alinhado, afirmar nossa profunda convicção de que uma solidariedade especial une estes três continentes – a Ásia, a América Latina e a África –, numa só luta contra os mesmos traficantes políticos e os mesmos exploradores econômicos.

Portanto, reconhecer nosso pertencimento ao Terceiro Mundo significa, parafraseando José Martí, "afirmar que sentimos na face qualquer golpe desferido contra qualquer homem deste mundo". Até agora, temos oferecido a outra face, mas os golpes redobraram, sem que o coração dos ímpios se abrandasse. Eles desprezaram a verdade dos justos. Traíram a palavra de Cristo, transformando sua cruz num porrete; e após vestirem sua túnica, dilaceraram nossos corpos e nossas almas. Eles obscureceram a sua mensagem, imprimindo-lhe as marcas da cultura ocidental; enquanto para nós, sua mensagem é libertação universal. Então, nossos olhos se abriram para a luta de classes: não receberemos mais pancadas. É preciso denunciar amplamente que não haverá salvação para nossos povos se não virarmos as costas a todos os modelos que os mesmos charlatães tentaram nos vender ao longo dos últimos 20 anos. Não haverá salvação a não ser que rejeitemos esses modelos; não pode haver desenvolvimento sem essa ruptura.

É curioso perceber, aliás, como o vertiginoso afluxo de bilhões de homens esfarrapados, dessa ameaçadora multidão assolada pela fome, desperta abruptamente da inércia uma série de novos "gurus", que começam agora a reformular seus discursos, a buscar freneticamente por soluções milagrosas em nosso nome, a procurar novas formas de desenvolvimento para nossos países sem nos consultar, como de costume. Basta ler as atas dos inúmeros colóquios e seminários para perceber esse fato.

Longe de mim querer ridicularizar o paciente esforço desses honestos intelectuais que descobrem, porque são evidentes, as terríveis consequências da devastação imposta ao Terceiro Mundo pelos chamados "especialistas" em desenvolvimento.

Receio apenas que o produto de tantas energias acabe sendo confiscado por todos os tipos de Prósperos,[2] que poderiam utilizá--las para fabricar a varinha mágica com a qual nos enviariam de volta a um mundo de escravidão disfarçada. Esse temor parecerá tanto mais justificado se tivermos em conta que a pequena burguesia africana que teve acesso à universidade, como possivelmente ocorre em todo o Terceiro Mundo, não está disposta a abrir mão de seus privilégios, seja por preguiça intelectual, seja simplesmente por gostar do modo de vida ocidental. Ela se esquece assim que toda luta política verdadeira requer um debate teórico rigoroso e se recusa a assumir a grande tarefa de reflexão que temos pela frente. Essa pequena burguesia patética consome ávida e passivamente termos fetichizados pelo Ocidente, da mesma maneira que consome uísque e champanhe em salões de gosto duvidoso. Se procurarmos por ideias inovadoras que tenham saído das cabeças de nossos "grandes" intelectuais, nada encontraremos de verdadeiramente novo que tenha sido produzido depois dos conceitos de negritude[3] e de

---

[2] Referência à peça teatral *A tempestade*, de William Shakespeare, escrita entre 1610 e 1611. A obra se passa em uma ilha remota, onde vive em exílio o duque Próspero, que tem por escravizado o mestiço nativo Calibã. Próspero trama sua vingança utilizando livros de magia e uma varinha mágica, usurpando os poderes da bruxa negra Sycorax, mãe de Calibã. O nome Calibã (*Caliban*) seria um anagrama de "canibal", caracterizando os povos originários como rudes, feios e violentos. A peça foi compreendida como uma alegoria ao processo de "colonização" das Américas por muitos expoentes do pensamento pan-africano e da luta anticolonial. (N. T.)

[3] Movimento de protesto contra a submissão negra, surgido por volta de 1932, resultante do encontro de um grupo de intelectuais e políticos: o senegalês Léopold Sédar Senghor (1906-2001), o martinicano Aimé Césaire (1913-2008) e Léon-Gontran Damas (1912-1978), da Guiana Francesa. Senghor logo se tornou seu maior expoente. O movimento da Negritude enfatizava a necessidade de que as pessoas negras redescobrissem sua própria cultura

"Personalidade Africana"[4] – os quais estão um tanto fora de moda. Não, nossas palavras e nossas ideias têm uma origem diferente; e elas recebem no máximo algumas cores locais, visto que nossos professores, engenheiros e economistas, formados nas universidades europeias, trazem comumente na bagagem apenas seus diplomas e a pronúncia aveludada dos adjetivos e superlativos.

É urgentemente necessário que nossos quadros e nossos trabalhadores intelectuais aprendam que não existe escrita inocente. Nestes tempos conturbados, não podemos permitir que o pensamento, a imaginação e a criatividade se convertam em monopólio dos nossos inimigos de ontem e de hoje. Antes que seja tarde demais, pois já é tarde, é preciso que essas elites, esses homens de África e do Terceiro Mundo, caiam em si, isto é, que despertem para a sociedade a que pertencem, para a miséria que nos foi legada, de modo que compreendam a crucial importância da batalha por um pensamento a serviço das massas desfavorecidas; que compreendam também que só serão dignos de credibilidade no plano internacional se souberem criar a partir da realidade, isto é, representando fielmente seu próprio povo. Precisamos de

---

e valores, para que assim tomassem consciência de sua condição e da contribuição do negro à civilização universal. (N. T.)

[4] O termo "Personalidade Africana" foi cunhado em 1893 por Edward Wilmot Blyden (1832-1912), intelectual e político da Libéria e Serra Leoa, mas tornou-se mais conhecido a partir das elaborações do pan-africanista e socialista Kwame Nkrumah (1909-1972), líder da independência de Gana (1957). No pensamento de Nkrumah, este conceito se referia a um conjunto de princípios humanistas que estavam na base da sociedade africana tradicional (como o espírito comunitário, formas cooperativas eficientes, um código moral altamente desenvolvido, a hospitalidade e uma energia propositiva, entre outros), a partir do qual todos os africanos eram chamados a edificar uma sociedade socialista. Opunha-se ao conceito de negritude, que para ele era muito vago e promovia uma dicotomia ao caracterizar os africanos como desprovidos de razão, já que seus atributos inatos seriam a sensibilidade e a emoção. (N. T.)

representações que inspirem profundas mudanças na ordem social e política, que sejam capazes de nos arrancar da dominação e exploração estrangeiras que têm condenado nossos Estados diretamente à ruína.

Foi o que nós, o povo de Burkina Faso, percebemos naquela noite de 4 de agosto de 1983, quando as estrelas começaram a cintilar no céu de nossa pátria. Precisávamos assumir a liderança das revoltas camponesas que começavam a irromper em um campo abandonado à própria sorte, em desespero frente ao avanço do deserto, exaurido pela fome e pela sede. Tínhamos que direcionar a crescente onda de revoltas das massas urbanas desocupadas, frustradas e cansadas de assistir ao desfile das elites em suas limusines, alheias à situação do povo, sucedendo-se à frente do Estado para oferecer ao povo apenas falsas soluções, inventadas por outras cabeças. Precisávamos incutir consciência ideológica às justas lutas de nossas massas populares mobilizadas contra o imperialismo perverso. As revoltas passageiras, simples fogo de palha, deviam dar lugar de uma vez por todas à revolução, essa luta permanente contra a dominação. Alguns já mencionaram anteriormente, outros retomarão depois de mim, a que ponto se aprofundou o abismo entre os povos privilegiados e aqueles que tão somente almejam saciar sua fome e sede, sobreviver e preservar a própria dignidade. Mas ninguém tem a exata noção de a que ponto "o grão do pobre alimentou em nosso país a vaca do rico".

No caso do antigo Alto Volta, tal processo foi ainda mais exemplar. Fomos a condensação mágica, o ponto de convergência de todas as calamidades que se abateram sobre os chamados países "em desenvolvimento".

É particularmente revelador o caso da ajuda [internacional], intensamente propagandeada como se fosse uma panaceia, sem nenhum fundamento real. Raros foram os países inundados por tantas modalidades de ajuda, como o foi meu país. Esta ajuda deveria, em princípio, servir ao desenvolvimento. Mas é impossível encontrar no antigo Alto Volta indícios de algum desenvolvimento. Os homens que ocupavam o governo, por ingenuidade ou egoísmo de classe, não souberam ou não quiseram assumir o controle desse afluxo do exterior, não compreenderam seu potencial alcance nem fizeram exigências no interesse de nosso povo.

No seu livro *O Sahel amanhã*, Jacques Giri analisa dados publicados em 1983 pelo Clube do Sahel,[5] chegando à sensata conclusão de que a ajuda ao Sahel, em função de seu próprio teor e dos dispositivos atualmente existentes, destina-se meramente à sobrevivência. Ele destaca que somente 30% desta ajuda oferece ao Sahel condições adequadas de vida. Segundo Jacques Giri, essa ajuda externa teria como único objetivo promover a contínua expansão de setores improdutivos,[6] impondo assim um peso intolerável aos nossos parcos orçamentos, desagregando nosso meio rural, ampliando os déficits de nossa balança comercial e acelerando nosso endividamento.

Eis alguns indicadores básicos de como era o Alto Volta:
– 7 milhões de habitantes, sendo mais de 6 milhões de camponesas e camponeses;
– uma taxa de mortalidade infantil estimada em 180 óbitos por mil nascidos vivos;
– uma expectativa de vida limitada a 40 anos;

---

[5] Clube do Sahel e da África do Oeste (CSAO), criado em 1976 no âmbito da Organização para a Cooperação e o Desenvolvimento Econômico (OCDE).
[6] Refere-se aqui à administração pública e aos serviços, em detrimento da indústria e da agricultura. (N. T.)

- uma taxa de analfabetismo que chega a 98%, entendendo como alfabetizada a pessoa que sabe ler, escrever e falar [corretamente] uma língua;
- um médico para cada 50 mil habitantes;
- uma taxa de matrícula de 16% das crianças em idade escolar;
- e, finalmente, um Produto Interno Bruto *per capita* de 53.356 francos CFA, ou pouco mais de 100 dólares.

O diagnóstico era evidentemente sombrio. A doença tinha uma causa política; o tratamento só poderia ser político.

É claro que devemos incentivar a ajuda que nos ajude a não precisar de ajuda. Mas, em geral, a política de assistência e ajuda serviu apenas para nos desorganizar, nos sujeitar, nos despojar de nosso espaço econômico, político e cultural. Escolhemos arriscar novos caminhos para alcançar melhores resultados; escolhemos implementar novas técnicas. Optamos por buscar formas de organização mais adequadas à nossa civilização, rejeitando de uma vez por todas qualquer ditame externo, para criar dessa maneira as condições de uma respeitabilidade que esteja à altura de nossas ambições.

Recusamos a simples sobrevivência. Sabemos que é preciso reduzir as pressões; emancipar o campo, o interior do país, de uma estagnação medieval e retrógrada; democratizar a nossa sociedade; formar mentes abertas a um mundo baseado na responsabilidade coletiva, para assim ousarmos inventar o futuro.

Precisamos transformar completamente a administração pública e reconstruí-la com base num tipo diferente de funcionário público; precisamo entranhar profundamente nosso Exército no seio do povo, por meio do trabalho produtivo, e lembrar incessantemente que, sem formação política patriótica, um soldado não passa de um criminoso em potencial.

Este é o nosso programa político.

Em termos de gestão econômica, estamos aprendendo a viver com simplicidade, a aceitar a sobriedade e a impô-la a nós mesmos, para sermos capazes de alcançar grandes realizações.

Graças à experiência do Fundo Revolucionário de Solidariedade Nacional, constituído por contribuições voluntárias, já estamos começando a dar respostas aos cruéis desafios que a seca nos impõe. Fomentamos e implementamos os princípios de Alma-Ata[7] ao expandir o escopo da atenção primária à saúde. Assumimos como política de Estado a estratégia GOBI-FFF,[8] recomendada pela Unicef.

Acreditamos que as Nações Unidas, por intermédio do Escritório das Nações Unidas para o Sahel (UNSO), deveriam contribuir para que os países afetados pela seca estabeleçam um plano de médio e longo prazo visando alcançar a autossuficiência alimentar.

Para preparar nosso país para o século XXI, lançamos uma campanha massiva intitulada "Vamos ensinar nossas crianças", por meio da criação de uma seção especial da loteria em prol da

---

[7] Referência à criação do modelo de Atenção Primária à Saúde, na Conferência Internacional sobre Cuidados Primários de Saúde de Alma-Ata, na antiga URSS, promovida pela Organização Mundial da Saúde (OMS) e pelo Fundo das Nações Unidas para a Infância (Unicef) em 1978, que estabelecia um conjunto de ações para a promoção da saúde das populações, incluindo nutrição e acesso à água; saneamento básico; saúde materno-infantil; prevenção e controle; e educação. (N. T.)

[8] GOBI é um modelo de intervenção lançado pela Unicef em 1982, de baixo custo e com tecnologia simples e acessível, baseado em quatro ações: acompanhamento do crescimento e desenvolvimento infantil (*Growth*), reidratação oral (*Oral rehydration*), aleitamento materno (*Breastfeeding*) e imunização (*Immunization*). A essa proposta inicial restrita foram acrescentadas, em alguns programas: o combate ao analfabetismo materno (*Female iliteracy*), o planejamento familiar (*Family planning*) e a suplementação alimentar (*Food supplementation*). O modelo GOBI-FFF era considerado o mais apropriado para os países "pobres". (N. T.)

educação e formação das nossas crianças em uma nova escola. Por meio de uma ação social emergencial dos Comitês de Defesa da Revolução, lançamos um vasto programa de construção de habitações sociais – 500 em três meses –, além de estradas, de pequenos reservatórios de água etc... Nossa ambição econômica é trabalhar para que cada burquinabê possa, com sua inteligência e força física, criar e produzir o necessário para garantir água potável e duas refeições por dia.

Nós juramos, nós proclamamos que daqui em diante, em Burkina Faso, nada mais será feito sem a participação do povo burquinabê; nada que não tenha sido previamente decidido por nós, elaborado por nós. Não agiremos mais contrariamente à nossa dignidade e aos nossos costumes.

Com a firmeza de nossas convicções, gostaríamos que nossas palavras alcançassem a todos os que sofrem na própria carne, a todos aqueles cuja dignidade humana foi desrespeitada por um grupo minoritário, esmagada por um sistema.

Vocês que me ouvem, permitam-me dizer que falo não apenas em nome de Burkina Faso, meu país que eu tanto amo, mas também em nome de todos aqueles que sofrem, onde quer que estejam.

Falo em nome dos milhões de seres humanos que vivem em guetos porque sua pele é negra, ou porque têm uma cultura diferente, e que são considerados pouco mais do que animais.

Eu também sofro em nome dos indígenas que foram massacrados, pisoteados e humilhados e que há séculos se encontram confinados em reservas, a fim de que não reivindiquem nenhum direito, e para que sua cultura não possa ser enriquecida por meio do intercâmbio com outras culturas, com a cultura do invasor inclusive.

Clamo em nome dos que estão desempregados por um sistema estruturalmente injusto e periodicamente em crise; dos desempregados que se limitam a enxergar a vida como uma mera imitação dos mais endinheirados.

Falo em nome das mulheres de todos os países que sofrem com um sistema de exploração imposto pelos homens. No que nos diz respeito, estamos prontos a acatar todas as sugestões, vindas de qualquer parte do mundo, que nos ajudem a promover o desenvolvimento das plenas potencialidades da mulher burquinabê. Em troca, estamos prontos a compartilhar com todos os países a experiência exitosa de envolvimento das mulheres em todos os níveis do aparato estatal e da vida social em Burkina Faso. Mulheres que estão conosco na luta, reafirmando que não é digno de compaixão o escravo que não assume a responsabilidade de se rebelar. Este escravo será responsável por sua própria desgraça se tiver alguma ilusão de ser libertado por um senhor pretensamente indulgente. Só a luta liberta, de modo que conclamamos todas as nossas irmãs de todas as raças a lutarem pela conquista dos seus direitos.

Falo em nome das mães de nossos países desassistidos, que veem seus filhos morrendo de malária e diarreia, sem saber que para salvá-los existem métodos simples, os quais, entretanto, não são disponibilizados pela ciência das multinacionais. Estas preferem investir na produção de cosméticos e em cirurgia estética, para satisfazer os caprichos de um pequeno número de homens e mulheres, cuja vaidade é ameaçada pelo excesso de calorias de uma alimentação tão abundante e frequente que deixaria pasmo qualquer um, ou melhor, que deixaria pasmos a nós, os povos do Sahel. A respeito dos métodos simples de que falamos anteriormente, e que são recomendados pela OMS e pela Unicef, pois bem, decidimos adotá-los e popularizá-los.

Falo também em nome das crianças, do filho do pobre que tem fome e olha furtivamente, com vontade, para a toda a opulência acumulada na vitrine de um comércio grã-fino. Vitrine que conta com uma vidraça espessa; vidraça protegida por uma grade intransponível; grade sob a guarda de um policial, de capacete, luvas e cassetete. Policial ali colocado pelo pai de outra criança e que frequentará o local para fazer compras, ou melhor, para ser servido, porque representa os valores capitalistas e dispõe de todas as garantias do sistema.

Falo em nome dos artistas (poetas, pintores, escultores, músicos, atores etc.), homens de boa vontade que veem a sua arte prostituída em benefício do ilusionismo mistificador do *show business*.

Clamo em nome dos jornalistas que são submetidos ao silêncio ou à mentira para escaparem das duras condições do desemprego.

Protesto em nome dos atletas de todo o mundo, cujos músculos são explorados por sistemas políticos ou negociantes da moderna escravidão dos estádios.

O meu país condensa todas as misérias dos povos, ele é uma síntese trágica de todo o sofrimento da humanidade, mas também e sobretudo uma síntese das esperanças em nossas lutas. Por isso, expresso aqui a angústia dos doentes que anseiam por respostas de uma ciência que, entretanto, está hegemonizada por comerciantes de armas. Quero aqui lembrar de todos os que são vítimas da destruição da natureza, e das 30 milhões de pessoas que morrem, a cada ano, assassinadas pela terrível arma da fome.

Como militar, não posso deixar de pensar naquele soldado obediente que está cumprindo ordens, cujo dedo está no gatilho e que sabe que a bala que vai disparar carrega apenas uma mensagem de morte.

Por fim, falo indignado ao pensar nos palestinos, a quem essa humanidade mais desumana substituiu por outro povo, que ainda há pouco era ele próprio martirizado com requintes de crueldade. Penso no valente povo palestino em diáspora, nas famílias dispersas pelo mundo em busca de asilo. Corajosos, determinados, estoicos e incansáveis, os palestinos nos lembram da necessidade e da obrigação moral de se respeitar os direitos dos povos: junto a seus irmãos judeus, eles são antissionistas.

Solidarizo-me com meus irmãos soldados do Irã e do Iraque, que estão morrendo numa guerra fratricida e suicida; e me sinto igualmente irmanado aos camaradas da Nicarágua, cujos portos estão sendo destruídos e as cidades bombardeadas e que, apesar de tudo, enfrentam com coragem e lucidez o seu destino. Eu sofro com todos aqueles que, na América Latina, estão submetidos à dominação imperialista.

Quero me solidarizar com os povos afegão e irlandês, com os povos de Granada e Timor Leste, que buscam a prosperidade de acordo com as leis da sua própria cultura e dignidade.

Eu me manifesto aqui em nome de todos os que buscam em vão por um fórum mundial onde suas vozes possam ser ouvidas e levadas seriamente em consideração.

Muitos já falaram desta tribuna, outros continuarão depois de mim. Mas apenas alguns tomarão realmente as decisões, embora oficialmente se diga que somos todos iguais. Bem, faço-me o porta-voz de todos aqueles que procuram em vão por um fórum global onde possam ser ouvidos. Sim, eu gostaria de falar por todos os esquecidos, os negligenciados, porque "sou humano e nada do que é humano me é estranho".

Nossa revolução em Burkina Faso está atenta às adversidades enfrentadas por todos os povos. Também se inspira em todas as experiências humanas, desde o primeiro sopro da humanidade.

Queremos ser herdeiros de todas as revoluções do mundo, de todas as lutas de libertação dos povos do Terceiro Mundo. Buscamos aprender com as grandes revoltas que transformaram o mundo. Aprendemos com a Revolução Americana as lições da vitória sobre o domínio colonial e das consequências dessa vitória. Resolvemos aplicar ao nosso próprio caso a doutrina de não ingerência dos europeus nos assuntos americanos, e dos americanos nos assuntos europeus. Aquela declaração de Monroe de 1823, que reivindicava "a América para os americanos", nós a reformulamos: "a África para os africanos", "Burkina Faso para os burquinabês". A Revolução Francesa de 1789, ao destruir as bases do absolutismo, ensinou-nos os direitos humanos e o direito dos povos à liberdade.

A grande Revolução de Outubro de 1917 transformou o mundo, permitindo a vitória do proletariado, abalou as estruturas fundamentais do capitalismo e tornou realizáveis os sonhos de justiça da Comuna de Paris.

Atentos assim às experiências dos povos, seus anseios e suas revoluções, e buscando aprender igualmente com os terríveis fracassos que conduziram a trágicas violações de direitos humanos, queremos conservar apenas o cerne de cada revolução, sua essência, para que evitemos copiar outras experiências históricas, mesmo compartilhando a mesma maneira de pensar.

Senhor presidente,
Não podemos mais continuar nos enganando. A Nova Ordem Econômica Mundial pela qual lutamos e continuaremos a lutar só pode ser alcançada se acabarmos com a velha ordem, para a qual mal existimos; se assumirmos o lugar que nos pertence na organização política mundial; se, tomando consciência de nossa importância no mundo, tivermos enfim o direito de participar dos mecanismos de controle e das decisões sobre o funcionamento do comércio, da economia e das finanças em escala planetária.

A Nova Ordem Econômica Internacional é parte integrante dos direitos dos povos, assim como o direito à independência e à livre escolha sobre a forma e estrutura de governo, assim como o direito ao desenvolvimento; e como todos os demais direitos, só pode ser conquistada por meio da luta dos povos. Jamais resultará de um ato de generosidade de qualquer potência que seja.

Continuo a ter uma confiança inabalável – confiança partilhada pela imensa comunidade dos países não alinhados – de que nosso grupo manterá a sua coesão e, impulsionado pelo desespero gritante dos nossos povos, reforçará o seu poder de negociação coletiva, estabelecerá alianças com outras nações e, em parceria com aqueles que ainda estão dispostos a nos ouvir, dará início à organização de um sistema verdadeiramente novo de relações econômicas internacionais.

Senhor presidente,

Concordei em falar perante esta Assembleia porque, apesar das críticas de alguns grandes financiadores, as Nações Unidas continuam sendo o fórum ideal para as nossas reivindicações, o lugar legítimo incontornável para os países que não têm voz.

É o que expressa fielmente nosso secretário-geral, quando escreve:

> A organização das Nações Unidas é excepcional na medida em que reflete as aspirações e frustrações de grande número de países e governos ao redor do mundo. Um dos seus grandes méritos é que todas as Nações, *incluindo aquelas que são vulneráveis, oprimidas ou vítimas de injustiça* – isto é, nós –, têm ali uma tribuna onde podem se fazer ouvir, mesmo quando confrontadas à dura realidade do poder. Uma causa justa, mesmo acumulando insucessos ou enfrentando a indiferença geral, pode ser ouvida nas Nações Unidas; esse atributo da Organização nem sempre é valorizado, mas nem por isso deixa de ser essencial.

O significado e alcance da Organização não poderiam ser melhor definidos.

É por isso absolutamente indispensável que cada um de nós se empenhe em fortalecer as assembleias gerais das Nações Unidas, em dotá-la dos meios necessários para sua atuação. Por essa razão, subscrevemos a proposta elaborada com esta finalidade pelo secretário-geral, para tirar a Organização dos muitos impasses em que se encontra, cuidadosamente fomentados pelo jogo das grandes potências com o objetivo de desacreditar a ONU aos olhos da opinião pública.

Senhor presidente,

Uma vez que reconheço os méritos, mesmo que limitados, de nossa Organização, só posso me alegrar ao vê-la ganhando novos membros. É por isso que a delegação burquinabê dá as boas-vindas ao 159º membro das Nações Unidas: o Estado de Brunei Darussalam. O qual, a propósito, esperamos que se integre ao Movimento dos Não Alinhados muito em breve.

A insensatez daqueles que, por um conjunto de circunstâncias, acabaram ganhando o controle do mundo, impõe a luta pelo desarmamento como um dos objetivos permanentes do Movimento dos Não Alinhados, uma vez que se trata de um elemento fundamental, uma das condições indispensáveis para garantir nosso direito ao desenvolvimento.

A nosso ver, necessitamos de pesquisas confiáveis que identifiquem quais foram as causas das calamidades que se abateram sobre o mundo. Nesse sentido, o presidente Fidel Castro expressou de forma admirável o nosso ponto de vista na abertura da VI Cúpula dos Países Não Alinhados realizada em 1979, quando disse:

> Com 300 bilhões de dólares, poderíamos construir, em um ano, 600 mil escolas com capacidade para 400 milhões de crianças; ou 60 milhões de casas confortáveis para 300 milhões de pessoas; ou 30 mil hospitais equipados com 18 milhões de leitos; ou 20 mil fábricas com capacidade para empregar mais de 20 milhões de trabalhadores; ou irrigar 150 milhões de hectares de terra que, com a utilização das técnicas adequadas, poderiam alimentar um bilhão de pessoas...

Se hoje multiplicarmos este montante por dez – e tenho certeza de que se trata de uma estimativa conservadora –, podemos ter uma noção do quanto a humanidade desperdiça todos os anos com o setor militar, isto é, contra a paz.

Levando em conta que são apenas migalhas o que se atribui aos povos sob a forma infame de uma certa "ajuda" – quase sempre vinculada a condições completamente humilhantes –, é fácil perceber por que é que a indignação rapidamente se transforma em revolta e em revolução. Pode-se finalmente entender por que, na luta pelo desenvolvimento, nos consideramos combatentes incansáveis pela paz.

Assumimos o compromisso de lutar para amenizar as tensões, para fazer com que as regras fundamentais da vida civilizada sejam adotadas nas relações internacionais e estendidas a todas as partes do mundo. O que significa que não podemos assistir passivamente à manipulação dos conceitos.

Reiteramos a nossa determinação de trabalhar ativamente pela paz; de assumir nossa responsabilidade na luta pelo desarmamento; de atuar, enfim, de maneira decisiva no campo da política internacional, sem nos sujeitar a nenhuma grande potência, *sejam quais forem os seus projetos.*

Mas a busca pela paz também implica na firme observância do direito dos países à independência, dos povos à liberdade e das nações à existência autônoma. Neste aspecto, a posição mais lamentável, a mais vil, encontra-se no Médio Oriente, onde a arrogância, a insolência e a incrível obstinação de um pequeno país, Israel, continua desafiando a comunidade internacional há mais de vinte anos, com a escandalosa cumplicidade do seu poderoso protetor, os Estados Unidos.

Se ainda ontem os judeus tinham por destino os horrores dos fornos crematórios, Israel, desprezando a História, chega agora ao ponto de infligir a outros o mesmo martírio de que foi vítima. Em todo caso, Israel – cujo povo amamos pela sua coragem e sacrifícios no passado – deve perceber que as condições necessárias à sua própria tranquilidade não podem ser obtidas pela força militar financiada do exterior. Israel precisa começar a aceitar ser uma nação como as outras, uma dentre muitas nações.

Por ora, queremos manifestar nesta tribuna nossa solidariedade militante e ativa às mulheres e homens combatentes do fantástico povo palestino, porque sabemos que não há mal que dure para sempre.

Senhor presidente,

Analisando a situação econômica e política de África, não podemos deixar de destacar nossa profunda preocupação em face do perigo representado pela contestação dos direitos dos povos por parte de determinadas nações que, sob a proteção de seus aliados, violam abertamente a moral internacional.

Naturalmente, temos direito a festejar a decisão de retirada das tropas estrangeiras do Chade, a fim de que o próprio povo chadiano, sem interferências, encontre uma via para pôr um fim a esta guerra fratricida, e a um pranto de dor que já dura tantos anos. Entretanto, mesmo levando em conta alguns progressos pontuais alcançados pelos povos africanos em sua luta por emancipação econômica, o nosso continente segue sendo um reflexo vivo das contradições essenciais entre as grandes potências, carregando em si as incontornáveis contradições que pesam de maneira insuportável sobre o mundo contemporâneo.

Estas são as razões pelas quais condenamos firmemente as inaceitáveis condições impostas ao povo do Saara Ocidental pelo Reino de Marrocos, que manobra para adiar o dia do ajuste de contas que inevitavelmente lhe será imposto pela vontade do povo saarauí.

Visitei pessoalmente as zonas liberadas pelo povo saarauí e tenho a firme convicção de que nada mais pode detê-lo em sua marcha rumo à libertação total de seu país, sob a direção militante e esclarecida da Frente Polisário.

Senhor presidente,
Não pretendo me alongar sobre a questão de Maiote e das ilhas do arquipélago de Madagascar, porque os fatos são claros e os princípios óbvios, de modo que não há necessidade nenhuma de debatermos a respeito. Maiote pertence às Comores; como as demais ilhas do arquipélago, era ligada a Madagascar.[9]

No que tange à América Latina, acolhemos a iniciativa do Grupo de Contadora[10] como um passo positivo na busca de uma solução legítima para a situação explosiva na região. O comandante Daniel Ortega, falando em nome do povo revolucionário da Nicarágua, apresentou aqui propostas concretas e colocou questões essenciais às autoridades competentes. Diante da opinião pública

---

[9] Ilhas Comores ou oficialmente União das Comores é um país africano independente formado por várias ilhas localizadas no extremo norte do Canal de Moçambique, a noroeste de Madagascar. Desde a independência da França em 1975, as Comores experimentaram mais de 20 golpes ou tentativas de golpes de Estado, um dos quais pôs fim a uma curtíssima experiência socialista. O arquipélago tornou-se parte do império colonial francês no final do século XIX, tornando-se uma província da colônia francesa de Madagascar entre 1912 e 1958. Em um referendo organizado em 1974, a ilha de Maiote foi a única do arquipélago a votar contra a independência, mantendo-se como colônia francesa. A França repetidamente vetou no Conselho de Segurança das Nações Unidas resoluções que reafirmariam a soberania de Comores sobre a ilha. Em 2009, Maiote se tornou um departamento ultramarino francês. (N. T.)

[10] O Grupo de Contadora foi um esforço político-diplomático que teve início em janeiro de 1983, na pequena ilha panamenha de Contadora, como resposta à retomada da política intervencionista estadunidense na América Central. Era inicialmente composto por México, Venezuela, Colômbia e Panamá, ampliando-se nos anos seguintes. (N. T.)

mundial, afirmamos nosso desejo de que a paz se instale em seu país e por toda a América Latina no próximo 15 de outubro.[11]

Tal como condenamos a agressão estrangeira contra a ilha de Granada, também repudiamos toda e qualquer intervenção estrangeira. É por isso que não podemos nos calar diante da intervenção militar estrangeira no Afeganistão.

Há uma questão, porém, cuja gravidade exige de cada um de nós um posicionamento sincero e decisivo: trata-se evidentemente da África do Sul. A inacreditável insolência deste país para com todas as nações do mundo – até mesmo para com as nações que apoiam o terrorismo ali instituído enquanto sistema, destinado a liquidar fisicamente a maioria negra – e o desprezo que tem mostrado por todas as nossas resoluções, constituem uma das mais sérias e prementes preocupações do mundo contemporâneo.

Mas o mais trágico não é que a África do Sul tenha condenado a si mesma ao ostracismo na comunidade internacional devido às abjetas leis do *apartheid*, nem que continue a manter ilegalmente a Namíbia sob dominação colonialista e racista ou a sujeitar impunemente seus vizinhos à lei do banditismo.

O mais abjeto e humilhante para a consciência humana é que a África do Sul tenha transformado esta tragédia numa realidade cotidiana para milhões de seres humanos, que têm apenas o peito aberto e o heroísmo de suas mãos nuas para se defender. Contando com a cumplicidade das grandes potências e inclusive com o apoio

---

[11] Dois dias antes do discurso de Sankara, o presidente nicaraguense Daniel Ortega havia feito um pronunciamento na mesma Assembleia Geral da ONU denunciando os planos do governo estadunidense de intensificar os ataques à Nicarágua, visando perturbar as eleições presidenciais previstas para novembro daquele ano. As informações obtidas davam conta de que a escalada de agressões deveria ter início por volta de 15 de outubro, cf. Sankara, Thomas. *Thomas Sankara parle: la révolution au Burkina-Faso (1983-1987)*. 2. éd. Préface de Mary-Alice Waters. Montréal: Pathfinder, 2007. (N. T.)

ativo de algumas delas, assim como com a criminosa colaboração de alguns patéticos líderes africanos, a minoria branca não hesita em desprezar completamente o sentido moral comum a todos os povos, de todos os continentes, que consideram absolutamente intoleráveis os métodos brutais vigentes no país.

Houve um tempo em que se formavam brigadas internacionais que partiam em defesa da honra das nações agredidas em sua dignidade. Hoje, apesar da gravidade das feridas de que todos padecemos, tudo o que fazemos é votar resoluções apelando à consciência e ao arrependimento de uma nação de corsários que "destrói sorrisos como o granizo mata as flores".

Senhor presidente,
Celebraremos em breve o 150º aniversário da abolição da escravidão no Império Britânico.

Minha delegação apoia a proposta, apresentada por Antígua e Barbuda, de se comemorar com grande pompa um acontecimento de tamanha importância para os países africanos e para o mundo negro. Pensamos que durante as cerimônias comemorativas, tudo o que puder ser feito, dito ou organizado ao redor do mundo deve enfatizar o terrível custo que recaiu sobre a África e o mundo negro, para o desenvolvimento da civilização humana. Nada nos foi dado em troca, o que sem dúvida explica a trágica situação do nosso continente na atualidade.

Foi o nosso sangue que alimentou a ascensão do capitalismo, que criou as condições para que nos tornássemos dependentes e que consolidou o nosso subdesenvolvimento. Não podemos mais escamotear a verdade nem manipular os dados. A cada ser humano negro que chegou às vastas plantações coloniais, ao menos cinco outros morreram ou ficaram mutilados. Isso sem falar na desagregação do continente e nas suas consequências.

Senhor presidente,

Se por ocasião deste aniversário, graças ao senhor e ao apoio do secretário-geral, pudermos transmitir ao mundo inteiro a realidade dos fatos, todos compreenderão por que desejamos a paz entre as nações com cada fibra do nosso ser, por que reivindicamos nosso direito ao desenvolvimento e por que exigimos acessá-lo em absoluta igualdade, por meio da organização e disposição eficiente das capacidades humanas. É porque pertencemos a uma das raças que mais sofreu na história humana que nós, em Burkina Faso, juramos nunca mais aceitar a menor injustiça, em canto algum desta terra. É a memória desse sofrimento que nos coloca ao lado da Organização para a Libertação da Palestina (OLP) e contra os grupos armados de Israel. É a memória desse sofrimento que nos leva, de um lado, a apoiar o Congresso Nacional Africano (CNA) e a Organização do Povo do Sudoeste Africano (SWAPO), e de outro lado, torna absolutamente intolerável para nós a presença na África do Sul de homens que se dizem brancos e que por isso se sentem no direito de passar por cima de todo mundo. Enfim, é também a memória desse sofrimento que nos leva a depositar nossa inteira confiança em uma responsabilidade partilhada [entre todos os países] no âmbito nas Nações Unidas, em uma missão coletiva em prol de uma mesma esperança.

São nossas reivindicações:

– Fomentar intensamente a campanha pela libertação de Nelson Mandela ao redor do mundo, para que a sua presença efetiva na próxima sessão da Assembleia Geral da ONU seja uma vitória coletiva que nos encha a todos de orgulho;

– Instituir um Prêmio Internacional para a Humanidade Reconciliada, em memória de nossos sofrimentos e como forma de perdão coletivo, a ser concedido a todos aqueles

que tiverem contribuído com seu trabalho e suas pesquisas para a defesa dos direitos humanos;
- Diminuir em 0,01% o orçamento global destinado às pesquisas espaciais e atribuir essa verba a pesquisas no campo da saúde e da recuperação do meio ambiente humano em face dos desequilíbrios provocados pela grande quantidade desses "fogos de artifício" prejudiciais ao ecossistema.

Propomos também que a estrutura das Nações Unidas seja revista, e que coloquemos um fim ao escandaloso direito de veto. É certo que os efeitos perversos do seu uso abusivo têm sido atenuados pela vigilância de alguns dos países que têm esse mesmo privilégio. Contudo, nada pode justificar esse direito – nem o tamanho do país, nem a sua riqueza.

Se o argumento utilizado para justificar essa iniquidade for o preço pago durante a Segunda Guerra Mundial, então as nações que se arrogaram esse direito devem saber que todos nós temos também um tio ou um pai que ainda carrega as marcas das balas nazistas – assim como outras milhares de pessoas inocentes que foram arrancadas do Terceiro Mundo para defender direitos violentados pelas hordas hitleristas.

Que deixem, portanto, de ser tão arrogantes essas grandes potências que nunca perdem a oportunidade de questionar os direitos dos povos. A ausência de África no clube dos que têm direito de veto é uma injustiça que não pode continuar.

Finalmente, minha delegação não cumpriria com todos os seus deveres se não exigisse *a suspensão de Israel* e o desligamento puro e simples da África do Sul de nossa organização. Quando esses países tiverem feito todas as mudanças necessárias para justificar a sua admissão na comunidade internacional, serão bem acolhidos e apoiados por nós todos, a começar pelo meu país.

Queremos reafirmar a nossa confiança na Organização das Nações Unidas. Somos gratos pelo trabalho que as suas agências têm feito em Burkina Faso e por sua presença ao nosso lado nestes tempos difíceis.

Agradecemos aos membros do Conselho de Segurança por nos permitirem presidir os trabalhos do Conselho por duas vezes este ano. Desejamos apenas que o Conselho reconheça e aplique o princípio da luta contra o extermínio de 30 milhões de seres humanos pela fome todos os anos, fome que é hoje mais devastadora do que as armas nucleares.

Nossa confiança e convicção nas Nações Unidas me impelem a agradecer a visita do secretário-geral, senhor Xavier Pérez de Cuella; apreciamos muito que tenha vindo ao nosso país para verificar pessoalmente a dura realidade de nossas vidas, para conhecer de perto a aridez do Sahel e a tragédia do avanço do deserto.

Não posso concluir sem prestar um tributo ao presidente da Assembleia Geral, que conduzirá os trabalhos desta 39ª Sessão com a sua grande inteligência e perspicácia.

Senhor presidente,
Viajei milhares de quilômetros para estar aqui. Vim pedir a cada um de vocês que possamos unir nossos esforços para pôr fim à arrogância dos que não têm razão; para apagar a triste realidade de crianças morrendo de fome; para que desapareça a ignorância; para que triunfe a legítima rebelião dos povos; para que silenciem as armas; e que finalmente, numa só e mesma vontade, lutando para garantir que a humanidade sobreviva, possamos todos cantar com o grande poeta Novalis:[12]

---

[12] Georg Philipp Friedrich von Hardenberg (1772-1801), mais conhecido pelo pseudônimo Novalis, foi um dos mais importantes poetas representantes do

> Então, as constelações voltarão a visitar a Terra, contra aqueles que ficaram zangados nos tempos da Escuridão; assim o sol depõe seu cetro rígido e volta a ser a estrela entre as estrelas; e todas as raças do mundo reúnem-se novamente após lenta separação. Em seguida, as antigas famílias órfãs se reencontram, e todo dia vê-se novas saudações, novos abraços; retornam dessa forma os antigos habitantes à própria terra. Em toda colina, faz-se sentir acima as novas cinzas ardentes que, em toda parte, flamejam as chamas da vida, velhos casebres transformam-se em novas construções, velhos tempos renovam-se e a história se torna sonho de um presente indefinido e infinito.[13]

Abaixo a reação internacional!

Abaixo o imperialismo!

Abaixo o neocolonialismo!

Abaixo a manipulação e os governos fantoches!

Glória eterna aos povos que lutam pela sua liberdade!

Glória eterna aos povos que se engajam na luta pela sua dignidade!

Vitória eterna aos povos em luta de África, América Latina e Ásia!

Pátria ou morte, venceremos!

Obrigado.

---

primeiro romantismo alemão. (N. T.)

[13] Tradução do alemão de Magalhães, Pollyanna N. R. "Entre o próximo e o longínquo: tradução comentada do fragmento *Die Lehrlinge zu Saïs*, de Novalis". Dissertação (mestrado em Teoria da Literatura e Literatura Comparada.). Universidade Federal de Minas Gerais, Faculdade de Letras. Belo Horizonte, 2021, p. 224-225. (N. T.)

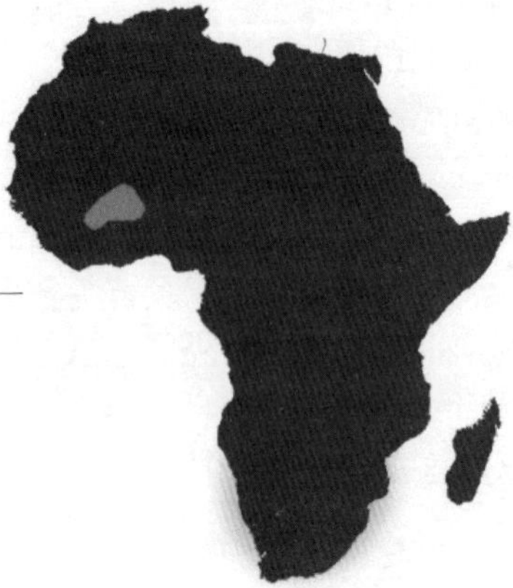

Salvar a árvore, o meio ambiente e a própria vida[1]

5 de fevereiro de 1986[2]

Excelências,

Senhoras e senhores,

É fato incontestável que a minha pátria, Burkina Faso, seja um dos poucos países deste planeta que têm o direito de se enxergar e autodenominar como a condensação de todos os desastres naturais que a humanidade ainda enfrenta neste final do século XX.

E apesar disso, 8 milhões de burquinabês suportaram essa penosa condição silenciosamente ao longo de 23 anos. Eles presenciaram mães, pais, filhas e filhos morrerem, dizimados às centenas pela escassez de alimentos, por inanição, doenças e ignorância. Viram com grande tristeza os reservatórios de água e os rios secarem. Desde 1973,[3] eles vêm assistindo à degradação do meio

---

[1] Discurso do comandante Thomas Sankara na Conferência Internacional sobre a Árvore e a Floresta em Paris. Originalmente publicado no *SIDWAYA* n. 456, 6 fev.1986, Uagadugu, p. 3-4. Traduzido a partir de Ziegler, Jean; Rapp, Jean-Philippe. *Thomas Sankara: Un nouveau pouvoir africain*. Lausanne, Suisse: Pierre-Marcel Favre/ABC, 1986. (N. T.)

[2] A Conferência Internacional sobre a Árvore e a Floresta, intitulada SILVA, aconteceu em Paris entre os dias 5 e 7 de fevereiro de 1986, e contou com a participação de cinco instituições (dentre elas a FAO) e de 50 países, incluindo todos os que eram membros da então Comunidade Econômica Europeia, os EUA, o Japão e 27 países de África. Outros 12 países estiveram presentes na condição de observadores, dentre os quais a URSS, além de 20 instituições e organismos. Thomas Sankara foi um dos nove chefes de Estado ou de governo que discursaram na solenidade de abertura. (N. T.)

[3] Os países do Sahel enfrentaram uma grave crise alimentar em 1972-1973, em decorrência de um prolongado e rigoroso período de secas, que teve

ambiente, às árvores morrerem e à invasão do deserto a passos de gigante. Estima-se que o deserto avance sobre o Sahel à razão de 7 km por ano.

Somente a consciência dessa dura realidade permite compreender e aceitar a legítima revolta ocorrida em Burkina Faso, desde seu surgimento, sua paciente preparação ao longo de muito tempo, até o momento em que finalmente eclodiu, de maneira organizada, na noite de 4 de agosto de 1983, na forma de uma Revolução democrática e popular.

Sou aqui apenas o humilde porta-voz de um povo que, tendo assistido passivamente à morte de seu ambiente natural, recusa-se agora a assistir à sua própria morte.

Desde 4 de agosto de 1983, a água, as árvores e a vida (para não dizer sobrevivência) são os elementos fundamentais e sagrados de cada uma das ações do Conselho Nacional da Revolução que dirige Burkina Faso.

É também por esta razão que felicito o povo francês, seu governo e especialmente seu presidente, senhor François Mitterrand, por esta iniciativa que reflete o talento político e a lucidez de um povo sempre aberto ao mundo e sensível aos seus infortúnios.

Situado no coração do Sahel, Burkina Faso sempre dará o devido valor às iniciativas que se coadunem perfeitamente com as preocupações vitais de seu povo e se fará presente sempre que necessário, só não se dispondo a passeios sem propósito.

Há quase três anos, meu povo trava uma luta colossal contra a desertificação. Fazer-se presente nesta tribuna era, portanto, um dever do povo burquinabê, para falar sobre sua experiência

---

início em 1968 e que atingiu seu pico em 1973. Os países mais afetados foram, além de Burkina Faso (então Alto Volta), também o Mali, o Níger, o Chade e a Mauritânia. (N. T.)

e também se beneficiar da experiência de outros povos ao redor do mundo.

Há quase três anos, em Burkina Faso, todos os eventos felizes – casamentos, batismos, condecorações oficiais, visitas de personalidades etc. – são celebrados com uma cerimônia de plantio de árvores.

Em dois anos, as mulheres burquinabês confeccionaram 80 mil fogões melhores, prestando sua contribuição ao esforço nacional de reduzir o consumo de lenha e proteger as árvores e a vida. Além disso, para as festividades de Ano Novo de 1986, todos os alunos das escolas primárias e demais estudantes da nossa capital, Uagadugu, confeccionaram com as próprias mãos mais de 3.500 fogões a lenha melhorados para presentear suas mães.[4]

O acesso à propriedade ou a simplesmente à locação das centenas de habitações sociais construídas desde 4 de agosto de 1983 está estritamente condicionado ao compromisso do beneficiário de plantar um número mínimo de árvores e de cuidar delas como "a menina dos seus olhos". Beneficiários que desrespeitaram esse compromisso já foram expulsos, graças à atenta supervisão de nossos Comitês de Defesa da Revolução (CDR), que as línguas maldosas gostam de difamar sistemática e taxativamente.

---

[4] À época da presidência de Sankara, a lenha era o principal combustível nos países do Sahel, inclusive para uso doméstico. A coleta de lenha demandava de mulheres e crianças muitas horas de trabalho, assim como o preparo dos alimentos, feitos predominantemente em simples fogueiras circundadas de pedras, ou em fogareiros de barro, abertos e pouco eficientes energeticamente, além de provocarem muita fumaça no interior do ambiente doméstico. Os "fogões melhorados" eram confeccionados em diferentes modelos, com uma mistura de barro e diferentes elementos (como palha, pedriscos e esterco de animais), podendo contar ainda com uma chapa metálica. Essa difícil situação perdura em larga escala ainda hoje. (N. T.)

Depois de ter vacinado em todo o território nacional, em um período de 15 dias, 2,5 milhões de crianças entre 9 meses e 14 anos originárias de Burkina Faso e de países vizinhos, contra sarampo, meningite e febre amarela; depois de ter perfurado mais de 150 poços, garantindo o abastecimento de água potável aos cerca de 20 setores da nossa capital até então privados deste recurso essencial; depois de ter elevado em dois anos a taxa de alfabetização de 12% para 22%; o povo burquinabê continua em sua luta vitoriosa por um Burquina verde. Foram plantadas 10 milhões de árvores como parte de um Programa Popular de Desenvolvimento (PPD) com 15 meses de duração, nossa primeira aposta enquanto esperamos pelo Plano Quinquenal.

Nas aldeias localizadas nas planícies fluviais transformadas pela atividade humana, cada família deve plantar 100 árvores por ano.

O corte de madeira e a comercialização de lenha foram totalmente reorganizados e disciplinados. Tais atividades incluem desde a obrigatoriedade para os comerciantes de madeira de possuir um registro profissional, de explorar exclusivamente as áreas destinadas a esse fim, até a obrigação de garantir o reflorestamento das áreas desmatadas. Cada cidade e cada aldeia burquinabê têm agora um bosque, reestabelecendo-se assim uma tradição ancestral.

No interior, nossos esforços se concentram em promover a fixação dos rebanhos em áreas de pastagem apropriadas, visando favorecer uma pecuária mais intensiva, de modo a combater o nomadismo desregrado. Graças ao esforço de promover a participação popular, que torna as massas responsáveis pelos processos, nossos centros urbanos estão livres da calamidade que representa a perambulação desses animais. Todos os agentes responsáveis por incêndios criminosos que atingem as florestas são julgados e punidos pelos Tribunais Populares de Conciliação nas aldeias.

As sanções desses tribunais incluem, dentre outras, a obrigatoriedade do plantio de um certo número de árvores.

Entre os dias 10 de fevereiro e 20 de março próximos, mais de 35 mil camponeses coordenadores de grupos e de cooperativas do interior participarão de cursos intensivos de alfabetização com formação inicial em gestão econômica, organização e preservação do meio ambiente.

Desde o dia 15 de janeiro deste ano, está acontecendo em Burquina uma operação chamada "Colheita Popular de Sementes Florestais", com o objetivo de abastecer os 7 mil viveiros localizados no interior do país. Sintetizamos esse conjunto de ações nos termos das "três lutas".[5]

Senhoras e senhores,

Nossa intenção não é nos vangloriar de nossa modesta experiência revolucionária na defesa das árvores e das florestas.

A minha intenção é explicitar com precisão as profundas mudanças nas relações entre o ser humano e as árvores que estão ocorrendo em Burkina Faso. Minha intenção é atestar o mais fielmente possível o nascimento e o desenvolvimento, em minha pátria, de um amor sincero e profundo entre os burquinabês e as árvores.

Desse modo, acreditamos poder traduzir na prática nossa concepção teórica sobre as vias e os meios apropriados às nossas realidades saheliananas, na busca de soluções para as ameaças presentes e futuras que atingem as árvores em escala planetária.

---

[5] As "três lutas", lançadas em 1985 pelo Conselho Nacional da Revolução, eram as seguintes: contra o corte abusivo da madeira, contra os incêndios florestais e contra a criação de animais soltos.

A conjunção dos esforços e a soma das experiências de todos nós aqui reunidos certamente poderão assegurar vitórias contínuas e duradouras para salvar a árvore, o meio ambiente e a própria vida.

Excelências, senhoras e senhores,
Venho até vocês porque esperamos que se engajem em um combate do qual nós não podemos ficar de fora, nós que somos cotidianamente agredidos e que esperamos que o milagre verdejante surja da coragem de dizer o que deve ser dito.

Venho lamentar com vocês as duras adversidades da natureza.

Venho até vocês para denunciar os homens cujo egoísmo é a causa da desgraça do próximo.

A pilhagem colonial dizimou nossas florestas sem a menor preocupação em regenerá-las para nosso futuro.

A perturbação da biosfera por disputas selvagens e sangrentas, em terra e no ar, continua impunemente. E nunca é demais dizer o quanto todas essas máquinas emissoras de gás espalham destruição e matança.

Aqueles que dispõem dos meios tecnológicos para estabelecer quem são os culpados não têm interesse em fazê-lo; e aqueles que têm interesse nisso não dispõem dos meios tecnológicos, tendo apenas a seu favor a própria intuição e profunda convicção.

Não somos contra o progresso, mas queremos que o progresso não seja desordenado, nem que negligencie de maneira criminosa os direitos dos demais.

Queremos dessa maneira afirmar que o combate à desertificação é uma luta pelo equilíbrio entre o ser humano, a natureza e a sociedade. Como tal, é antes de tudo uma luta política e não uma fatalidade. A criação no meu país de um Ministério da Água, complementar ao Ministério do Meio Ambiente e Turismo, assinala nossa intenção de formular os problemas com clareza para poder resolvê-los.

Devemos batalhar para encontrar os meios financeiros necessários à exploração de nossos recursos hídricos para a perfuração de poços e a construção de represas e barragens. Este é o espaço para denunciar os acordos leoninos e as condições draconianas impostas pelos bancos e organismos financeiros que acabam inviabilizando nossos projetos nesta área. São essas condições proibitivas que causam o traumático endividamento de nossos países, impedindo qualquer margem de manobra efetiva.

Não constituem respostas adequadas a esse conjunto de questões nem os argumentos falaciosos do malthusianismo – e digo que a África é ainda um continente subpovoado – nem as "operações de reflorestamento", nome pomposo e demagógico que encobre verdadeiras "colônias de férias".

Nós e nossa miséria somos repelidos como cães sarnentos, cujos lamentos e queixas perturbam a silenciosa tranquilidade daqueles que produzem a miséria e fazem dela um negócio.

É por isso que Burquina vem propondo que pelo menos 1% das somas colossais gastas na busca por vida em outros planetas seja utilizada para financiar, de forma compensatória, projetos que lutem para salvar a árvore e a vida.

Não desacreditamos que um diálogo com os marcianos possa levar à reconquista do Éden. Mas, enquanto isso, nós terráqueos também temos o direito de recusar a obrigação de escolher apenas entre o inferno e o purgatório.

Assim formulado, nosso combate pelas árvores e florestas é antes de tudo uma luta popular e democrática. Porque o alvoroço infrutífero e dispendioso de um pequeno grupo de engenheiros e especialistas em silvicultura nunca trará nenhum resultado! Como também serão incapazes de reverdecer o Sahel as consciências comovidas dos inúmeros fóruns e instituições, por mais sinceras e louváveis que sejam, quando nos falta dinheiro para perfurar poços de água potável a 100 metros de profundidade, mas há dinheiro sobrando para perfurar poços de petróleo a 3 mil metros! Como dizia Karl Marx, os que vivem em um palácio não pensam nas mesmas coisas nem da mesma maneira que aqueles que vivem em uma choupana.[6] Esta luta pela árvore e pela floresta é sobretudo uma luta anti-imperialista, porque é o imperialismo o grande incendiário das nossas florestas e savanas.

Senhores presidentes, senhores primeiros-ministros, senhoras e senhores,

É para que o verde da abundância, da alegria e da felicidade conquiste seu direito que nos apoiamos nesses princípios revolucionários de luta. Acreditamos nas capacidades da revolução para impedir a morte de nosso Burkina Faso e para abrir-lhe o caminho de um futuro próspero.

Sim, o problema da árvore e das florestas se resume ao desafio de se promover o equilíbrio e a harmonia entre o indivíduo, a sociedade e a natureza. Trata-se de um combate possível. Não recuemos diante da imensidão da tarefa, não nos esquivemos do sofrimento alheio, porque a desertificação já não tem fronteiras.

Podemos vencer esta luta se escolhermos ser arquitetos e não simplesmente abelhas. Será então a vitória da consciência sobre o instinto. A abelha e o arquiteto, sim! O autor [dessa frase] me

---

[6] A frase de Feuerbach, "num palácio pensa-se de forma diferente que numa cabana", foi retomada por Friedrich Engels em sua obra de 1886, *Ludwig Feuerbach e o fim da filosofia clássica alemã* (*In*: *Obras Escolhidas de Karl Marx e Friedrich Engels*. São Paulo: Ed. Alfa-Omega, s/d. vol. 3, p. 171-207). (N. T.)

permitirá ampliar essa comparação dual em um tríptico, qual seja: a abelha, o arquiteto e o arquiteto revolucionário.[7]

Pátria ou morte, venceremos!

Obrigado.

---

[7] Referência ao trecho d'*O capital*: "Uma aranha executa operações semelhantes às do tecelão, e a abelha supera mais de um arquiteto ao construir sua colmeia. Mas o que distingue o pior arquiteto da melhor abelha é que ele figura na mente sua construção antes de transformá-la em realidade". (Marx, Karl. *O capital*. Tomo I, Capítulo VII). (N. T.)

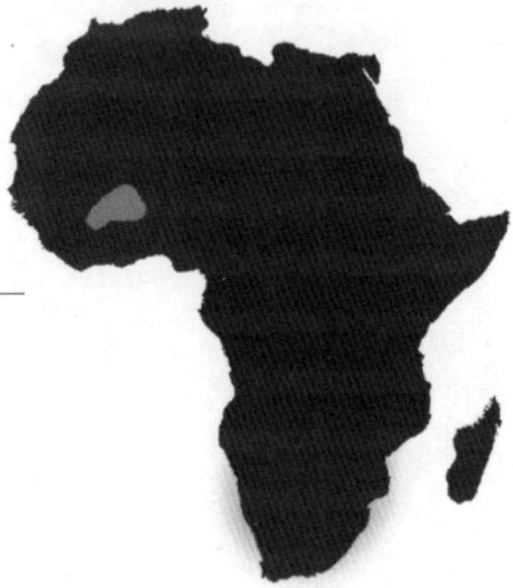

O francês permite nossa comunicação com outros povos em luta[1]

Fevereiro de 1986

Somos hoje francófonos em decorrência do processo colonial, ainda que em nosso país apenas 10% dos burquinabês falem francês. Ao afirmar nosso pertencimento à francofonia, enunciamos e integramos duas premissas: a língua francesa é apenas um meio para expressarmos nossas realidades; e, como qualquer língua, o francês deve estar aberto para vivenciar o acontecimento sociológico e histórico de sua transformação, de seu devir.

Inicialmente, a língua francesa foi para nós a língua do colonizador, o veículo cultural e ideológico por excelência da dominação estrangeira e imperialista.

Mais tarde, entretanto, foi por meio desse idioma que nos tornamos capazes de dominar o método de análise dialética do

---

[1] Discurso de Thomas Sankara na Cúpula Intergovernamental da Francofonia, Paris. O termo "francofonia" surgiu por volta do fim do século XIX, referindo-se às pessoas e aos países que falam francês. A ideia de uma conferência internacional que reunisse os chefes de Estado e de governo de países onde se falava o francês foi lançada em 1966 por Léopold Sédar Senghor, então presidente do Senegal, mas só seria concretizada 20 anos mais tarde, por ocasião da Cúpula Intergovernamental da Francofonia ocorrida em Paris, de 17 a 19 de fevereiro de 1986, na qual Thomas Sankara realizou este discurso. Texto originalmente publicado no jornal *Sidwaya*, órgão de imprensa oficial do governo burkinabê. Traduzido a partir de Sankara, Thomas. *Nous sommes les héritiers des révolutions du monde: Discours de la révolution au Burkina Faso (1983-1987)*. Montréal: Pathfinder, 2001. (N. T.)

fenômeno imperialista, e de nos organizar politicamente para lutar e vencer.

Atualmente, o povo burquinabê e sua direção política, o Conselho Nacional da Revolução, fazem uso da língua francesa em Burquina não mais como vetor de uma alienação cultural qualquer, mas como meio de comunicação com outros povos.

Do ponto de vista do Conselho Nacional da Revolução, nossa presença nesta conferência se justifica pelo fato de existirem duas línguas francesas: a língua francesa falada pelos franceses na França e a língua francesa falada nos cinco continentes.

Visando contribuir para o enriquecimento desse francês universalizado, pretendemos aqui participar ativamente e buscar compreender de que maneira a língua francesa nos torna mais próximos dos outros. E é por isso que gostaria de agradecer sinceramente às autoridades francesas por esta feliz iniciativa.

Por meio da língua francesa, analisamos conjuntamente com outros irmãos africanos a situação de cada um de nossos países e buscamos combinar esforços para travar lutas que são comuns.

Por meio da língua francesa, partilhamos da luta do povo vietnamita e podemos compreender melhor o clamor do povo caledônio.[2]

---

[2] Caledônio ou neocaledônio é o habitante da Nova Caledônia, arquipélago situado no Oceano Pacífico na altura aproximada do Trópico de Capricórnio, 1,5 mil km a leste da costa australiana e a 2 mil km ao norte da Nova Zelândia. Colônia francesa desde o século XVIII, trata-se de um território ainda dependente da França, e possivelmente a colônia mais distante de sua "metrópole", distando quase 17 mil quilômetros de Paris. Tornou-se um local de deportação de condenados políticos no século XIX, tendo recebido grande número de socialistas e anarquistas da Comuna de Paris, após sua derrota em 1871, como também muitos combatentes da resistência norte-africana à ocupação francesa, especialmente argelinos. Houve numerosas rebeliões ao longo do período colonial, reprimidas violentamente. A década de 1980, momento do discurso de Sankara, foi um período de revoltas quase generalizadas em

Por meio da língua francesa, descobrimos a riqueza da cultura europeia, e defendemos os direitos dos nossos trabalhadores burquinabês que emigram a outros países.

Por meio da língua francesa, lemos os grandes educadores do proletariado e todos os autores que, de forma utópica ou científica, colocam sua escrita a serviço da luta de classes.

Finalmente, em francês cantamos a *Internacional*, o hino dos oprimidos, dos "condenados da terra".[3]

Dado esse caráter universal da língua francesa, importa de nosso ponto de vista que a utilizemos em conformidade com nosso internacionalismo militante. Pois acreditamos firmemente na unidade entre os povos, a qual nascerá das convicções que compartilham todos os que sofrem a mesma exploração e a mesma opressão, quaisquer que sejam as formas sociais e as roupagens de que se revestem em cada época.

Por isso, se quiser servir mais aos ideais de 1789 do que aos ideais das expedições coloniais, a língua francesa precisa, a nosso ver, aceitar as demais línguas como expressões da sensibilidade de outros povos.

Ao aceitar outros povos, a língua francesa deve aceitar também os idiomas e conceitos que as condições de vida na França não permitiram que os franceses conhecessem.

Quem, por vaidade ou arrogância, iria preferir incomodar-se utilizando expressões rebuscadas em francês para expressar

---

prol da independência. Entretanto, o governo francês conseguiu, por meio de algumas concessões e do agendamento de um referendo, reduzir as tensões e protelar a independência. (N. T.)

[3] Na versão original em francês, a *Internacional* inicia literalmente com "De pé, ó condenados da terra"; na versão em português, essa frase passou a ser "De pé, famélicos da terra". "Os condenados da terra" é também o título de uma das mais conhecidas obras do médico martinicano, intelectual e militante da luta anticolonial, Frantz Fanon (1925-1961). (N. T.)

as ideias contidas nas palavras Islã ou *Baraka*,[4] por exemplo, se a língua árabe as expressa melhor do que qualquer outra? Ou então a palavra *pianissimo*, doce expressão musical de além Piemonte?[5] Ou ainda a palavra *apartheid*, que a riqueza shakespeariana exporta de Albion, sem perfídia, para a França?[6] Recusar a incorporação das línguas de outros povos ao francês é erguer barreiras de chauvinismo cultural. Não vamos esquecer que outras línguas incorporaram palavras francesas consideradas intraduzíveis em seu próprio idioma.

Por exemplo, a língua inglesa, dando mostras de *fair play*, "jogo limpo", adotou do francês a palavra *champagne*, a aristocrata e burguesa bebida "champanhe". O alemão, com sua *realpolitik*, seu "pragmatismo político", admite diretamente e sem malabarismos a palavra francesa *arrangement*, para expressar "compromisso, acordo".[7]

[4] *Baraka* ou *barakah* é uma palavra árabe que significa "bênção divina". Foi incorporada à língua francesa no século XX pelos *pieds-noirs* (literalmente, "pés pretos"), descendentes dos europeus (majoritariamente franceses) que se instalaram na Argélia a partir de 1830, no processo de colonização do norte da África. Em francês, *baraka* se utiliza com o significado de "sorte providencial". (N. T.)

[5] *Pianissimo* é uma palavra italiana originada no campo da música, por isso a referência ao Piemonte, região do noroeste da Itália que faz divisa com a França. Emprega-se na língua francesa com o significado de "muito delicadamente" ou "muito lentamente". (N. T)

[6] *Albion* era o nome poético e mitológico atribuído à Grã-Bretanha pelos antigos romanos. Em 1793, no contexto das guerras que opuseram a França revolucionária e a Inglaterra monarquista, o poeta e dramaturgo francês Augustin Louis de Ximénès escreveu um poema cunhando a expressão "pérfida Albion" para se referir pejorativamente à Inglaterra como uma potência supostamente traiçoeira e perversa. Sankara brinca, neste discurso, com essa expressão. (N. T)

[7] Sankara segue o discurso jogando com as palavras e os idiomasem francês que foram incorporadas às línguas inglesa e alemã; e palavras em inglês e em alemão que foram incorporadas à língua francesa (embora na língua "culta"

Finalmente, as línguas africanas peulh [ou fulani], mooré [ou mossi], bantu, wolof e muitas outras assimilaram muito a contragosto termos como "impostos", "trabalho compulsório" e "prisão", que traduzem muito bem a opressão e a exploração sofridas.

Toda essa diversidade nos reúne na família francófona, diversidade que para nós rima com as palavras amizade e fraternidade.

Recusar a incorporação de outras línguas é ignorar a origem e a história da sua própria língua. Cada língua é resultante de muitas outras, hoje mais ainda do que no passado, em função da interpenetração cultural produzida por poderosos meios de comunicação nestes tempos modernos.

Recusar as outras línguas é apegar-se ao passado, ter uma atitude contrária ao progresso, o que indica uma ideologia de inspiração reacionária.

Burkina Faso se abre [acolhedoramente] aos outros povos e espera contar com a cultura alheia para se enriquecer ainda mais, convencido de que caminhamos para uma civilização universal que nos levará a uma língua universal. Nosso uso do francês é nessa direção.

Pelo verdadeiro progresso da humanidade!

Avante!

Pátria ou morte, venceremos!

---

se recomende variantes que são traduções literais, *franc-jeu* e *réalpolitique*). (N. T.)

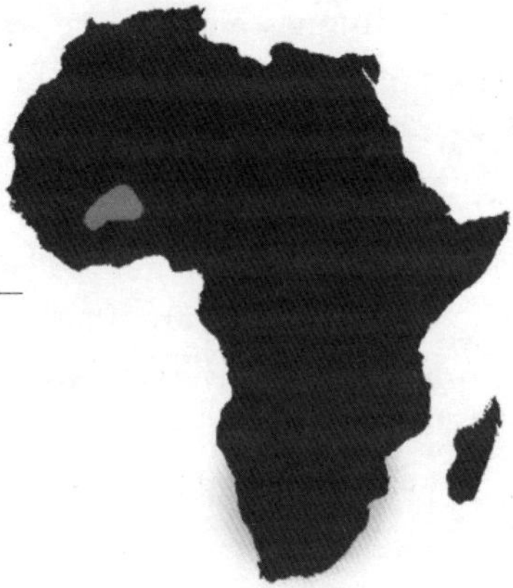

A libertação da mulher: uma exigência do futuro[1]

8 de março de 1987

Não é comum que um homem tenha que se dirigir a tantas e tantas mulheres ao mesmo tempo. Também não é comum que um homem tenha que sugerir a tantas e tantas mulheres ao mesmo tempo as novas batalhas a travar.

A primeira timidez do homem vem do momento em que ele tem consciência de que está olhando para uma mulher. Assim, camaradas militantes, vocês entenderão que apesar da alegria e do prazer que eu tenho de me dirigir a vocês, permaneço ainda assim um homem que vê em cada uma de vocês a mãe, a irmã ou a esposa. Eu gostaria igualmente que nossas irmãs aqui presentes, vindas do Kadiogo, e que não entendem a língua francesa estrangeira na qual vou pronunciar meu discurso, sejam indulgentes a meu respeito como elas sempre foram, elas que, como nossas mães, aceitaram nos carregar durante nove meses sem reclamar. [Intervenção na língua nacional mooré para garantir às mulheres que uma tradução será realizada.]

---

[1] Discurso pronunciado por ocasião do Dia Internacional da Mulher, em 8 de março de 1987. Traduzido a partir de: La libération de la femme: une exigence du futur, disponível em: https://www.thomassankara.net/la-liberation-de-la-femme-une/. Tradução de Ana Corbisier. (N. E.)

Camaradas, a noite de 4 de agosto pariu a obra mais salutar para o povo burkinabê. Ela deu a nosso povo um nome e a nosso país, um horizonte.

Irradiados pela seiva revigorante da liberdade, os homens de Burkina Faso, humilhados e proscritos no passado, receberam a chancela do que há de mais precioso no mundo: a dignidade e a honra. Desde então, a felicidade tornou-se acessível e cada dia nós caminhamos em sua direção, embalados pelas lutas, premissas que testemunham os grandes passos que já demos. Mas a felicidade egoísta é apenas uma ilusão e nós temos uma grande ausente: a mulher. Ela foi excluída desta animada procissão.

Enquanto os homens já estão à beira do grande jardim da revolução, as mulheres ainda estão confinadas em sua escuridão despersonalizadora, falando ruidosa ou silenciosamente sobre as experiências que Burkina Faso abraçou e que são para elas, atualmente, apenas clamores.

As promessas da revolução já são uma realidade para os homens. Para as mulheres, ao contrário, são ainda apenas rumores. E, no entanto, é delas que dependem a verdade e o futuro de nossa revolução: questões vitais, questões essenciais, visto que nada de completo, nada de decisivo, nada de durável poderá fazer-se em nosso país enquanto esta importante parte de nós mesmos for mantida nesta sujeição imposta durante séculos pelos diferentes sistemas de exploração. Os homens e as mulheres de Burkina Faso devem, a partir de agora, modificar profundamente a imagem que eles têm deles mesmos no interior de uma sociedade que não apenas determina novas relações sociais, mas provoca uma transformação cultural revolucionando as relações de poder entre homens e mulheres, e condenando ambos a repensar a natureza de cada um. É uma tarefa assustadora, mas necessária, já que se trata de permitir a nossa revolução alcançar toda a sua dimensão, libertar todas as suas possibilidades e revelar seu autêntico significado nestas relações imediatas, naturais, necessárias entre o homem e a mulher, que são as relações mais naturais entre os seres humanos.

Eis, portanto, até que ponto o comportamento natural do homem tornou-se humano e até que ponto sua natureza humana tornou-se sua natureza.

Este ser humano, vasto e complexo conglomerado de dores e de alegrias, de solidão no abandono, e entanto berço criador da imensa humanidade; este ser de sofrimento, de frustração e de humilhação, e no entanto fonte inesgotável de felicidade para cada um de nós; local incomparável de todo afeto, estímulo das coragens, mesmo as mais inesperadas; este ser dito frágil mas inacreditável força inspiradora dos caminhos que levam à honra; este ser, verdade e certeza espiritual, este ser, mulheres, são vocês! Vocês, que embalam e são companheiras de nossa vida, camaradas de nossa luta, e que, por isso, com toda justiça, devem impor-se como parceiras iguais no convívio das festas das vitórias da revolução.

É nesta perspectiva que todos nós, homens e mulheres, devemos definir e afirmar o papel e o lugar da mulher na sociedade.

Trata-se, portanto, de restituir ao homem sua verdadeira imagem, fazendo triunfar o reino da liberdade acima das diferenças naturais, graças à liquidação de todos os sistemas de hipocrisia que consolidam a exploração cínica da mulher.

Em outras palavras, expor a questão da mulher na sociedade burquinabê de hoje é querer abolir o sistema de escravidão em que ela foi mantida por milênios. É, antes de mais nada, querer compreender este sistema em seu funcionamento, captar a verdadeira natureza e todas as suas sutilezas para conseguir extrair daí uma ação suscetível de levar à emancipação total da mulher.

Dito de outra forma, para vencer um combate que é comum à mulher e ao homem, é importante conhecer todos os aspectos da questão feminina tanto na escala nacional quanto universal e compreender como, hoje, a luta da mulher de Burkina Faso junta--se à luta universal de todas as mulheres, e mais além, à luta pela reabilitação total de nosso continente.

A condição da mulher é consequentemente o nó de toda a questão humana, aqui, lá, em toda parte. Tem, portanto, um caráter universal.

A luta de classes e a questão da mulher

Devemos certamente ao materialismo dialético ter projetado a luz mais forte sobre os problemas da condição feminina, a luz que nos permite situar o problema da exploração da mulher no seio de um sistema generalizado de exploração. É também a luz que define a sociedade humana não mais como um fato natural imutável, mas como uma *antiphysis*.

A humanidade não sofre passivamente o poder da natureza. Ela a toma em suas próprias mãos. Esta apropriação não é uma operação interna e subjetiva. Realiza-se objetivamente na prática, caso a mulher deixe de ser considerada um simples organismo sexuado para tomar consciência, para além dos dados biológicos, de seu valor na ação.

Além disso, a autoconsciência da mulher não é definida apenas por sua sexualidade. Reflete uma situação que depende da estrutura econômica da sociedade, estrutura que traduz o grau da evolução técnica e das relações entre classes a que chegou a humanidade.

A importância do materialismo dialético reside no fato de ter ultrapassado os limites essenciais da biologia, de ter escapado das teses simplistas da sujeição da espécie, para introduzir todos os fatos no contexto econômico e social. Tão longe quanto remonta a história humana, o domínio do homem sobre a natureza nunca se realizou diretamente, de corpo nu. A mão com seu polegar preênsil já se prolonga para o instrumento que multiplica seu poder. Não foram, portanto, apenas os dados físicos – a musculatura e o parto, por exemplo – que consagraram a desigualdade de *status* entre o homem e a mulher. Tampouco foi a evolução técnica enquanto tal que a confirmou. Em certos casos, e em certas partes do globo, a mulher pôde anular a diferença física que a separa do homem.

É a passagem de uma forma de sociedade a outra que justifica a institucionalização desta desigualdade. Uma desigualdade segregada pelo espírito e por nossa inteligência para realizar a dominação e a exploração concretizadas, representadas e vividas a partir de agora pelas funções e os papéis a que submetemos a mulher.

A maternidade, a obrigação social de adequar-se aos cânones daquilo que os homens desejam, como elegância, por exemplo, impedem a mulher, que o queira, de desenvolver uma musculatura dita de homem.

Por milênios, do Paleolítico à Idade do Bronze, as relações entre os sexos foram consideradas pelos paleontólogos mais qualificados como complementaridade positiva. Estas relações permaneceram durante oito milênios sob o signo da colaboração e da interferência, e não sob aquele da exclusão, próprio do patriarcado absoluto quase generalizado ao longo da história.

Engels descreveu não apenas a evolução das técnicas, mas também a sujeição histórica da mulher, que nasceu com o aparecimento da propriedade privada, graças à passagem de um modo de produção a outro, de uma organização social a outra.

Com o trabalho intensivo exigido para desmatar a floresta, fazer frutificar os campos e tirar o máximo proveito da natureza, surge a divisão das tarefas. O egoísmo, a preguiça, a facilidade, em suma, o maior lucro com o menor esforço, emergem das profundezas do homem, tornando-se princípios. A ternura protetora da mulher em relação à família e ao clã torna-se a armadilha que a expõe à dominação do macho. A inocência e a generosidade são vítimas da dissimulação e dos cálculos ardilosos. O amor é desprezado. A dignidade é manchada. Todos os verdadeiros sentimentos transformam-se em objetos de negócio. A partir de então, o sentido da hospitalidade e da partilha das mulheres sucumbe à astúcia dos malandros.

Embora consciente deste engano que rege a repartição desigual das tarefas, ela, a mulher, segue o homem para educar e cuidar de tudo o que ela ama. Ele, o homem, explora ao extremo tanta abnegação. Mais tarde, o germe da exploração culposa instala regras atrozes, ultrapassando as concessões conscientes da mulher historicamente traída.

A humanidade conhece a escravidão por meio da propriedade privada. O homem senhor de seus escravizados e da terra torna-se também proprietário da mulher. Esta é a grande derrota histórica do sexo feminino. Ela se explica pela transformação proveniente da divisão do trabalho e de novos modos de produção e por uma revolução nos meios de produção.

Então o pátrio poder substitui o direito materno; a transmissão da propriedade passa a se dar de pai para filho e não mais da mulher para seu clã. Surge a família patriarcal, fundada sobre a propriedade pessoal e única do pai, transformado em chefe de família. Nesta família, a mulher é oprimida. Reinando como soberano, o homem satisfaz seus caprichos sexuais, deita-se com as escravizadas ou com cortesãs. As mulheres tornam-se seu espólio e suas conquistas de mercado. Ele tira vantagem de sua força de trabalho e desfruta da diversidade de prazer que elas lhe proporcionam.

Por sua vez, assim que os senhores tornam a recíproca possível, a mulher se vinga pela infidelidade. Assim, o casamento se completa naturalmente com o adultério. É a única defesa da mulher contra a escravidão doméstica em que é mantida. A opressão social é aqui a expressão da opressão econômica.

Em tal ciclo de violência, a desigualdade só terminará com a chegada de uma sociedade nova, isto é, quando homens e mulheres desfrutarem de direitos sociais iguais, provenientes de transformações ocorridas nos meios de produção assim como em todas as relações sociais. Assim, a sorte da mulher só vai melhorar com a liquidação do sistema que a explora.

De fato, ao longo dos anos e por toda parte onde triunfava o patriarcado, houve um paralelismo estreito entre a exploração das classes e a dominação das mulheres; certamente, com momentos em que mulheres, sacerdotisas ou guerreiras, romperam o teto opressivo. Mas o essencial, tanto na esfera da prática cotidiana como na repressão intelectual e moral, sobreviveu e se consolidou. Destronada pela propriedade privada, expulsa de si própria, reduzida ao posto de babá e de empregada, tornada desnecessária pelos filósofos Aristóteles, Pitágoras e outros e pelas religiões mais consolidadas, desvalorizada pelos mitos, a mulher partilhava a sorte do escravizado, que na sociedade escravagista não era mais do que um animal de carga com rosto humano.

Não é de estranhar então que, em sua fase conquistadora, o capitalismo, para o qual os seres humanos são apenas números, tenha sido o sistema econômico que explorou a mulher com mais cinismo e mais refinamento. Era o caso, segundo relatos, de um fabricante da época, que só empregava mulheres em seus teares mecânicos. Ele dava preferência às mulheres casadas e, entre elas, aquelas que tinham em casa uma família para manter, porque estas mostravam muito mais atenção e docilidade do que as celibatárias. Trabalhavam até o esgotamento de suas forças para obter para os seus os meios de subsistência indispensáveis.

É assim que as qualidades próprias da mulher são manipuladas em seu detrimento, e todos os elementos morais e delicados de sua natureza tornam-se meios de sujeitá-la. Sua ternura, o amor pela família, a meticulosidade que ela traz a sua obra são utilizados contra ela, ao mesmo tempo defendendo-se de seus possíveis defeitos.

Assim, ao longo dos anos e dos diversos tipos de sociedades, a mulher conheceu um triste destino: o da desigualdade sempre confirmada em relação ao homem. Se as manifestações desta desigualdade assumiram aspectos e contornos diversos, nem por isso essa desigualdade deixou de ser a mesma.

Na sociedade escravagista, o homem escravizado era considerado um animal, um meio de produção de bens e serviços. A mulher, fosse qual fosse sua posição social, era esmagada no seio de sua própria classe, e fora desta classe, mesmo quando pertencia às classes exploradoras.

Na sociedade feudal, baseando-se na pretensa fraqueza física ou psicológica das mulheres, os homens confinaram-nas em uma dependência absoluta de si próprios. Frequentemente considerada como objeto de mácula ou principal agente de indiscrição, a mulher, com poucas exceções, era afastada dos locais de culto.

Na sociedade capitalista, a mulher, já perseguida moral e socialmente, é também economicamente dominada. Mantida pelo homem quando não trabalha, ela o é ainda quando se mata de trabalhar. Nunca é demais lembrar da miséria das mulheres, nem demonstrar com força suficiente o quanto ela é semelhante à dos proletários.

A especificidade das mulheres

A mulher é solidária ao homem explorado.

No entanto, esta solidariedade na exploração social de que homens e mulheres são vítimas, e que liga a sorte de um e do outro à história, não deve fazer com que se perca de vista o fato específico da condição feminina. A condição da mulher ultrapassa as entidades econômicas, singularizando a opressão de que é vítima. Esta singularidade nos impede de estabelecer equações mergulhando em reduções fáceis e infantis. Sem dúvida, na exploração, a mulher e o operário são silenciados. Mas no sistema implantado, a mulher do operário deve um outro silêncio a seu marido operário. Em outras palavras, à exploração de classe que lhes é comum acrescentam-se, para as mulheres, relações singulares com o homem, relações de oposição e de agressão que usam o pretexto das diferenças físicas para se impor.

É preciso admitir que a assimetria entre os sexos é o que caracteriza a sociedade humana, e que esta assimetria define relações de soberania que não nos permitem ver na mulher, mesmo no seio da produção econômica, uma simples trabalhadora. Relações privilegiadas, relações perigosas que fazem com que a questão da condição da mulher situe-se sempre como um problema.

O homem usa, portanto, como pretexto, a complexidade destas relações para semear confusão entre as mulheres e tirar proveito de todas as astúcias da exploração de classe para manter seu domínio sobre elas. Desta mesma maneira, aliás, homens dominaram outros homens porque conseguiram impor a ideia segundo a qual, em nome da origem da família e do nascimento, por "direito divino", alguns homens eram superiores a outros. Daí o reino feudal. Desta mesma maneira, em outros lugares, outros homens lograram sujeitar povos inteiros, porque a origem e a explicação da cor de sua pele foram uma justificativa que pretendiam "científica" para dominar aqueles que tinham a infelicidade de ser de outra cor. É o reino colonial. É o *apartheid*.

Não podemos ignorar esta situação das mulheres, pois é o que leva as melhores dentre elas a falar de guerra dos sexos, sendo que se trata simplesmente de uma guerra de clãs e de classes a travar juntos na complementariedade. Mas é preciso admitir que é a atitude dos homens que torna possível uma tal obliteração dos significados, permitindo assim todas as audácias semânticas do feminismo, sendo que algumas não foram inúteis na luta que homens e mulheres travam contra a opressão. Uma luta que podemos ganhar, que vamos ganhar se reencontrarmos nossa complementariedade, se nos soubermos necessários e complementares, se soubermos enfim que estamos condenados à complementariedade.

Por ora, é necessário reconhecer que o comportamento masculino, feito de vaidades, de irresponsabilidades, de arrogâncias e de violências de todo tipo em relação à mulher, não pode de modo algum desembocar em uma ação coordenada contra a opressão desta. E o que dizer destas atitudes que beiram a estupidez e que não são, na realidade, senão válvulas de escape dos machos oprimidos esperando, com suas brutalidades contra suas mulheres, recuperar sozinhos uma humanidade que o sistema de exploração lhes nega?

A estupidez masculina chama-se sexismo ou machismo; qualquer forma de indigência intelectual e moral ou mesmo de impotência física mais ou menos evidente, que frequentemente obriga as mulheres politicamente conscientes a considerar como um dever a necessidade de lutar em duas frentes.

Para lutar e vencer, as mulheres devem se identificar com as camadas e classes sociais oprimidas: os operários, os camponeses...

Um homem, por mais oprimido que seja, encontra um ser para oprimir: sua mulher. Trata-se certamente de afirmar uma terrível realidade. Quando falamos do ignóbil sistema do *apartheid*, é para os negros explorados e oprimidos que se voltam nosso pensamento e nossa emoção. Mas infelizmente esquecemos da mulher negra que sofre com seu homem, este homem que, munido de sua caderneta, permite-se desvios culpados antes de ir encontrar aquela que o esperou dignamente, no sofrimento e na miséria.

Pensemos também na mulher branca da África do Sul, aristocrata, materialmente plena, sem dúvida, mas infelizmente máquina de prazer desses homens brancos luxuriosos que para esquecer seus crimes contra os negros possuem apenas , sua embriaguez desordenada e perversa por relações sexuais bestiais.

Além disso, não faltam exemplos de homens, mesmo os progressistas, vivendo alegremente no adultério, mas que estariam prontos a assassinar sua mulher apenas por uma suspeita de infidelidade. São numerosos entre nós, estes homens que vão buscar o chamado consolo nos braços de prostitutas e de cortesãs de todo tipo! Sem esquecer os maridos irresponsáveis, cujos salários servem apenas para manter amantes e enriquecer os bares. E o que dizer desses homenzinhos, também progressistas, que se encontram frequentemente em ambiente lascivo para falar das mulheres que abusaram. Eles acreditam que estão se comparando aos seus semelhantes, humilhando-os até quando violentam mulheres casadas.

De fato, trata-se apenas de casos lamentáveis, mas menores, de que teríamos evitado falar se seu comportamento de delinquentes não pusesse em questão a virtude e a moral de mulheres de grande valor que teriam sido muitíssimo úteis para a nossa revolução.

E depois, todos esses militantes mais ou menos revolucionários, muito menos que mais revolucionários, que não aceitam que suas esposas militem ou o aceitam apenas durante o dia, e só de dia; que batem em suas mulheres porque elas se ausentaram para reuniões ou manifestações noturnas. Ah! Esses desconfiados, esses ciumentos! Que pobreza de espírito e que engajamento condicional e limitado! Pois há apenas a noite para que uma mulher decepcionada e decidida possa enganar seu marido? E que engajamento é esse que quer que a militância se interrompa com o cair da noite, para retomar seus direitos e suas exigências ao nascer da aurora?

E que pensar enfim de todas essas frases na boca dos militantes mais revolucionários sobre as mulheres? Palavras como "reles materialistas, aproveitadoras, farsantes, mentirosas, fofoqueiras, intrigueiras, invejosas etc., etc...". Tudo isso pode ser verdadeiro para as mulheres, mas certamente também verdadeiro para os homens! Nossa sociedade poderia ser menos pervertida se não oprimisse metodicamente as mulheres, afastando-as de tudo o que se pretende sério, decisivo, isto é, acima das relações subalternas e mesquinhas!

Quando se está condenado, como estão as mulheres, a esperar seu marido e senhor para lhes dar de comer, e receber dele a autorização para falar e viver, não se tem mais – para se ocupar e se criar uma ilusão de utilidade ou de importância – do que os olhares, as reportagens, as fofocas, os jogos de palavras, os olhares oblíquos e invejosos, seguidos de maledicência sobre a vaidade das outras e sua vida privada. As mesmas atitudes se encontram nos machos colocados nas mesmas condições.

Das mulheres, dizemos igualmente, infelzmente, que são esquecidas. São qualificadas como cabeças de vento. Não esqueçamos, porém, que a mulher preocupada, atormentada pelo esposo leviano, pelo marido infiel e irresponsável, pelos filhos e seus problemas, sobrecarregada enfim pelo gerenciamento da família inteira, nestas condições, só pode ter olhos perdidos, que refletem a ausência e a distração do espírito. O esquecimento para ela torna-se um antídoto para a dor, uma atenuação dos rigores da existência, uma proteção vital.

Mas há também homens esquecidos, e muitos; uns no álcool e nas drogas, outros em diversas formas de perversidade a que se entregam no decorrer da vida. No entanto, ninguém diz nunca que estes homens são esquecidos. Quanta vaidade, quanta banalidade!

Banalidades com as quais eles se deliciam para marcar essas enfermidades do universo masculino. Pois o universo masculino em uma sociedade de exploração tem necessidade de mulheres prostitutas; aquelas que a gente suja e sacrifica depois de usar no altar da prosperidade de um sistema de mentiras e rapinas, e que não são mais que bodes expiatórios.

A prostituição é apenas a quintessência de uma sociedade onde a exploração é a regra. Simboliza o desprezo que o homem tem pela mulher. Desta mulher que não é outra senão a figura dolorosa da mãe, da irmã ou da esposa de outros homens, portanto de cada um de nós. É, portanto, o desprezo inconsciente que sentimos por nós mesmos. Só há prostitutas onde há cafetões e "prostitutas".

Mas afinal, quem procura a prostituta?

Há, em primeiro lugar, maridos que fazem votos de castidade às suas mulheres para descarregar na prostituta sua torpeza e seus desejos de estupro. Isso lhes permite atribuir um respeito aparente a suas esposas revelando ao mesmo tempo sua verdadeira natureza no seio das "mulheres da vida". Assim, no plano moral, a prostituição torna-se o equivalente simétrico do casamento. Parece acomodarem-se, nos ritos e costumes, as religiões e as morais. É o que os padres da Igreja exprimiam ao dizer que "é preciso esgotos para garantir a salubridade dos palácios".

Há ainda os gozadores impenitentes e intemperantes, que têm medo de assumir a responsabilidade de um lar com suas turbulências e que fogem dos encargos morais e materiais de uma paternidade. Estes exploram o endereço discreto de um bordel como o filão precioso de uma relação sem consequências.

Há também todos aqueles que, pelo menos publicamente e nos meios bem pensantes, condenam a mulher. Seja por um despeito que não tiveram a coragem de transcender, perdendo confiança assim em toda mulher declarada então instrumento diabólico, seja igualmente por hipocrisia, por ter proclamado com muita frequeência e peremptoriamente contra o sexo feminino um desprezo que se esforçam em assumir aos olhos da sociedade, cuja admiração extorquiram graças à falsa virtude. Todos, noite após noite, acabam nos lupanares, até que às vezes sua hipocrisia é descoberta.

Há ainda esta fraqueza do homem que encontramos em sua busca de situações poliândricas. Longe de nós realizar qualquer julgamento de valor sobre a poliandria, esta forma de relação entre o homem e a mulher que certas civilizações privilegiaram. Mas, nos casos que denunciamos, lembremos desses parques de gigolôs gananciosos e preguiçosos mantidos prodigamente por senhoras ricas.

Neste mesmo sistema, no plano econômico, a prostituição pode confundir prostituta e mulher casada "materialista". Entre a que vende seu corpo na prostituição e a que se vende no casamento, a única diferença consiste no preço e na duração do contrato.

Assim, tolerando a existência da prostituição, reduzimos todas as nossas mulheres ao mesmo nível: prostitutas ou casadas. A única diferença é que a mulher legítima, embora oprimida enquanto esposa, beneficia-se pelo menos do selo da honorabilidade que o casamento confere. Quanto à prostituta, não tem senão a apreciação comercial de seu corpo, apreciação que flutua ao sabor do valor das bolsas falocráticas.

Ela não seria um artigo que se valoriza ou se desvaloriza em função do grau de decadência de seus encantos? Não seria regida pela lei da oferta e da procura? A prostituição é um atalho trágico e doloroso de todas as formas da escravidão feminina.

Devemos, portanto, ver em cada prostituta o olhar acusatório dirigido à sociedade como um todo. Cada proxeneta, cada parceiro de prostituta revolve uma faca nesta chaga purulenta e escancarada que desfigura o mundo dos homens e o conduz a sua ruína. Assim, ao lutarmos contra a prostituição, estendendo uma mão solidária às prostitutas, salvamos nossas mães, nossas irmãs e nossas mulheres desta lepra social. Salvamos a nós mesmos. Salvamos o mundo.

A condição da mulher em Burkina

Se, no entendimento da sociedade, o menino que nasce é um "dom de Deus", o nascimento de uma menina é acolhido, senão como uma fatalidade, pelo menos como um presente que servirá para produzir alimentos e reproduzir o gênero humano.

Ao homenzinho ensinarão a querer e a obter, a dizer e a ser servido, a desejar e tomar, a decidir sem apelo. À futura mulher, a sociedade, como um só homem, e é este o lugar de dizê-lo, acena, inculca normas sem saída. Espartilhos psíquicos chamados virtudes criam nela um espírito de alienação pessoal, desenvolvem nessa criança a preocupação de proteção e a predisposição às alianças tutelares e aos arranjos matrimoniais. Que fraude mental monstruosa!

Assim, criança sem infância, a menininha, a partir dos 3 anos, deverá corresponder a sua razão de ser: servir, ser útil. Enquanto seu irmão, de 4, 5 ou 6 anos, brincará até a exaustão ou o aborrecimento, ela entrará, sem meios-termos, no processo de produção. Já terá um ofício: dona de casa. Ocupação sem remuneração, claro. Pois não se diz geralmente de uma mulher em casa que ela "não trabalha?". Não se inscreve nos documentos de identidade das mulheres não remuneradas a menção "do lar" para dizer que não têm emprego? Que "não trabalham?".

Com os ritos e as obrigações de submissão, nossas irmãs crescem, cada vez mais dependentes, cada vez mais dominadas, cada vez mais exploradas, com cada vez menos lazer e tempo livre. Enquanto o rapaz encontrará em seu caminho as ocasiões de desenvolvimento e de autoafirmação, a camisa de força social encerrará mais ainda a moça, a cada etapa de sua vida. Por ter nascido menina, ela pagará um pesado tributo, durante toda a sua vida, até que o peso do trabalho e os efeitos do esquecimento de si física e mentalmente levam-na ao dia do Grande Repouso. A partir daí, trabalha como operária de produção ao lado de sua mãe, mais patroa que mãe. Não estará jamais sentada sem fazer nada, jamais estará entregue a suas brincadeiras e a seus brinquedos, como seu irmão.

Para onde quer que se olhe, do Planalto Central ao Nordeste, onde as sociedades de poder fortemente centralizado predominam, ao Oeste, onde vivem comunidades aldeãs com poder não centralizado, ou ao Sudoeste, local das coletividades ditas segmentárias, a organização social tradicional apresenta pelo menos um ponto comum: a subordinação das mulheres. Neste campo, nossas 8 mil aldeias, nossas 600 mil concessões e nossos mais de 1 milhão de lares observam comportamentos idênticos ou similares. Aqui e lá, o imperativo da coesão social definido pelos homens é a submissão das mulheres e a subordinação dos mais jovens.

Nossa sociedade, ainda primitivamente agrária, patriarcal e poligâmica, faz da mulher um objeto de exploração para sua força de trabalho e de consumo, para sua função de reprodução biológica.

Como é que a mulher vive esta curiosa dupla identidade: a de ser o nó vital que liga todos os membros da família, que garante com sua presença e sua atenção a unidade fundamental, e a de ser marginalizada, ignorada? Uma condição híbrida, se alguma vez existiu, cujo ostracismo imposto só tem igual no estoicismo da mulher. Para viver em harmonia com a sociedade dos homens, para se adequar ao *diktat* [decreto] dos homens, a mulher se fechará em uma ataraxia aviltante, negativista, pelo autossacrifício.

Mulher-fonte de vida, mas mulher-objeto. Mãe, mas servil doméstica. Mulher-nutriz, mas mulher-álibi. Serviçal nos campos e útil no lar, mas figurante sem rosto e sem voz. Mulher-confluente, mas mulher acorrentada; mulher-sombra na sombra masculina.

Pilar do bem-estar familiar, ela é parteira, lavadeira, varredora, cozinheira, mensageira, matrona, agricultora, curandeira, horticultora, cabelereira, vendedora, operária. Ela é uma força de trabalho com ferramenta obsoleta, acumulando centenas de milhares de horas por rendimentos desesperadores.

Já nas quatro frentes de combate contra a doença, a fome, a indigência e a degenerescência, nossas irmãs sofrem cada dia a pressão das mudanças em relação às quais elas não têm nenhum poder. Quando cada um de nossos 800 mil emigrantes masculinos vai embora, uma mulher assume trabalho a mais. Assim, os dois milhões de burquinabês residindo fora do território nacional contribuíram para agravar o desequilíbrio da proporção entre os sexos que, hoje, faz com que as mulheres constituam 51,7% da população total. Da população residente potencialmente ativa, elas são 52,1%.

Ocupada demais para dar a atenção necessária a seus filhos, cansada demais para pensar em si mesma, a mulher continuará escravizada: roda da fortuna, roda de fricção, roda motriz, estepe, grande roda.

Agredidas e inferiorizadas, as mulheres, nossas irmãs e nossas esposas, pagam por ter dado a vida. Socialmente relegadas ao terceiro nível, depois do homem e da criança, elas pagam para manter a vida. Aqui também, um Terceiro Mundo é arbitrariamente determinado para ser dominado e explorado.

Dominada e transferida de uma tutela protetora e exploradora a uma tutela dominadora e ainda mais exploradora, primeira na tarefa e última no repouso, primeira no poço e na lenha, no fogo do lar, mas última a aplacar sua sede, autorizada a comer só quando sobra; e depois do homem, pedra angular da família, levando em seus ombros, em suas mãos e em seu ventre esta família e a sociedade, a mulher é recompensada com uma ideologia natalista opressiva, tabus e proibições alimentares, trabalho extra, subnutrição, gravidezes perigosas, despersonalização e inumeráveis outros males que fazem da mortalidade materna um dos problemas mais intoleráveis, mais indizíveis, mais vergonhosos de nossa sociedade.

Sobre este substrato alienante, a intrusão dos abutres vindos de longe contribuiu para fermentar a solidão das mulheres e para piorar a precariedade de sua condição.

A euforia da independência deixou a mulher no leito das esperanças castradas. Segregada nas deliberações, ausente das decisões, vulnerável e, portanto, vítima preferencial, continuou a sofrer nas mãos da família e da sociedade. O capital e a burocracia contribuíram para manter a mulher subjugada. O imperialismo fez o resto.

Com metade da escolaridade dos homens, analfabetas em 99% dos casos, pouco formadas nos ofícios, discriminadas no emprego, limitadas às funções subalternas, pressionadas e despedidas em primeiro lugar, as mulheres, sob os pesos de cem tradições e de mil pretextos, continuaram a aceitar os desafios sucessivos. Deviam permanecer ativas, custe o que custasse, pelas crianças, pela família e pela sociedade. Durante mil noites sem auroras.

O capitalismo tinha necessidade de algodão, de carité, de gergelim para suas indústrias e foi a mulher, foram nossas mães que, além do que já faziam, viram-se encarregadas de realizar essas colheitas. Nas cidades, lá onde supunha-se que estivesse a civilização emancipadora da mulher, esta se viu obrigada a decorar os salões da burguesia, a vender seu corpo para viver ou a servir de atração comercial nas produções publicitárias.

As mulheres da pequena burguesia das cidades vivem sem dúvida melhor que as mulheres de nossos campos no plano material. Mas serão mais livres, mais emancipadas, mais respeitadas, mais responsabilizadas? Mais que uma questão a se colocar, há uma afirmação a se fazer. Numerosos problemas permanecem, quer se trate do emprego ou do acesso à educação, quer se trate do *status* da mulher nos textos legislativos ou na vida cotidiana, a mulher burquinabê permanece ainda a que vem depois do homem e não ao mesmo tempo.

Os regimes políticos neocoloniais que se sucederam em Burkina não tiveram sobre a questão da emancipação da mulher senão seu olhar burguês, que não é mais que a ilusão de liberdade e de dignidade. Só as poucas mulheres da pequena burguesia das cidades estavam preocupadas com a política em voga da "condição feminina", ou melhor, do feminismo primário que reivindica para a mulher o direito de ser masculina. Assim, a criação do Ministério dos Assuntos da Mulher, dirigido por uma mulher, foi cantada como uma vitória.

Mas tinha-se verdadeiramente consciência desta condição feminina? Tinha-se consciência de que a condição feminina é a condição de 52% da população de Burkina Faso? Sabia-se que esta condição era determinada pelas estruturas sociais, políticas, econômicas e pelas concepções retrógradas dominantes e que, portanto, a transformação desta condição não poderia caber a um único ministério, ainda que dirigido por uma mulher?

Isto é tão verdadeiro que as mulheres de Burkina puderam constatar, depois de vários anos de existência deste ministério, que nada mudara em sua condição. E não podia ser de outra forma na medida em que a visão do tema da emancipação das mulheres, que levou à criação de um tal ministério-álibi, recusava-se a ver e a evidenciar, a levar em conta as verdadeiras causas da dominação e da exploração da mulher. Também não deve espantar que, apesar da existência deste ministério, a prostituição tenha se desenvolvido, o acesso das mulheres à educação e ao emprego não tenha melhorado, seus direitos civis e políticos tenham permanecido ignorados, suas condições de existência na cidade e no campo não tenham melhorado em nada.

Mulher-joia, mulher-álibi político para o governo, mulher--sereia clientelista nas eleições, mulher-robô na cozinha, mulher frustrada pela resignação e pelas inibições impostas apesar de sua abertura de espírito! Seja qual for seu lugar no espectro da dor, seja qual for sua maneira urbana ou rural de sofrer, ela sofre sempre.

Mas uma única noite levou a mulher ao coração do desenvolvimento familiar e ao centro da solidariedade nacional.

Portadora de liberdade, a aurora que se seguiu ao 4 de agosto de 1983 lhe fez eco para que juntos, iguais, solidários e complementares, marchássemos lado a lado, como um só povo.

A revolução de agosto encontrou a mulher burquinabê em sua condição de ser subjugada e explorada por uma sociedade neocolonial fortemente influenciada pela ideologia das forças retrógradas. Era seu dever romper com a política reacionária, defendida e seguida até então em matéria de emancipação da mulher, definindo claramente uma política nova, justa e revolucionária.

Nossa revolução e a emancipação da mulher

Em 2 de outubro de 1983, o Conselho Nacional Revolucionário expressou claramente em seu Discurso de Orientação Política o eixo principal da luta pela libertação da mulher. Engajou-se para trabalhar na mobilização, na organização e na união de todas as forças vivas da nação, e da mulher em particular. O Discurso de Orientação Política explicitava, a propósito da mulher: "Ela será associada a todos os combates que teremos que travar contra os diversos entraves da sociedade neocolonial e para a edificação de uma sociedade nova. Ela será associada a todos os níveis de concepção, de decisão e de execução na organização da vida de toda a nação".

O objetivo deste feito grandioso é construir uma sociedade livre e próspera em que a mulher seja igual ao homem em todos os campos. Não pode haver maneira mais clara de conceber e de enunciar a questão da mulher e a luta emancipadora que nos aguarda.

> A verdadeira emancipação da mulher é a que lhe dá um sentido de responsabilidade, que a envolve nas atividades produtivas, nos diferentes combates com os quais o povo é confrontado. A verdadeira emancipação da mulher é aquela que impõe a consideração e o respeito do homem.

Isto indica claramente, camaradas militantes, que a luta pela libertação da mulher é antes de tudo a sua luta pelo fortalecimento da Revolução democrática e popular. Esta revolução que lhes dá a partir de agora a palavra e o poder de dizer e de agir pela edificação de uma sociedade de justiça e de igualdade, onde a mulher e o homem tenham os mesmos direitos e os mesmos deveres. A Revolução democrática e popular criou as condições para esta luta libertadora. Compete a vocês agora agir com toda responsabilidade para, de um lado, romper todas as cadeias e entraves que sujeitam a mulher nas sociedades atrasadas como a nossa e para, de outro lado, assumir a parte de responsabilidade que é sua na política de edificação da nova sociedade para o bem da África e de toda a humanidade.

Nas primeiras horas da Revolução democrática e popular, já dizíamos: "a emancipação, assim como a liberdade, não se concede, se conquista. E compete às próprias mulheres avançar em suas reivindicações e se mobilizarem para fazê-las acontecer". Assim, nossa revolução não apenas indicou o objetivo a atingir na questão da luta de emancipação da mulher, como indicou igualmente o caminho a seguir, os meios a utilizar e os principais atores deste combate. Logo serão quatro anos em que trabalhamos juntos, homens e mulheres, para obter vitórias e avançar para o objetivo final.

Devemos ter consciência das batalhas travadas, dos sucessos alcançados, das derrotas sofridas e das dificuldades encontradas para preparar e dirigir os futuros combates. Que obra foi realizada pela Revolução democrática e popular quanto à emancipação da mulher?

Quais são nossos pontos fortes e fracos?

Uma das principais aquisições de nossa revolução na luta pela emancipação da mulher foi, sem dúvida, a criação da União das Mulheres de Burkina (UFB, na sigla em francês). A criação desta organização constitui uma conquista maior porque permitiu dar às mulheres de nosso país um quadro e meios seguros para travar a sua luta vitoriosa. A criação da UFB é uma grande vitória porque permite a reunião do conjunto das mulheres militantes em torno de objetivos precisos, justos, para o combate libertador sob a direção do Conselho Nacional Revolucionário. A UFB é a organização das mulheres militantes e responsáveis, determinadas a trabalhar para transformar [a realidade], a lutar para ganhar, a cair e cair de novo, mas a levantar-se a cada vez para avançar sem recuar.

Esta é uma consciência nova que germinou entre as mulheres de Burkina, e de que devemos todos ficar orgulhosos. Camaradas militantes, a União das Mulheres de Burkina é a sua organização de luta. Compete a vocês aperfeiçoá-la, para que seus golpes sejam mais certeiros e lhes permitam conseguir mais e mais vitórias.

As diferentes iniciativas que o governo empreendeu nos últimos três anos e meio para a emancipação da mulher são certamente insuficientes, mas permitiram caminhar um pouco, a ponto do nosso país poder se apresentar hoje na vanguarda do combate libertador da mulher. Nossas mulheres participam cada vez mais das tomadas de decisão, do exercício efetivo do poder popular.

As mulheres de Burkina estão por toda parte onde se constrói o país. Estão nos canteiros de obras: no Sourou (vale irrigado), no reflorestamento, no comando de vacinação, nas operações "cidades limpas", na batalha das ferrovias etc. Progressivamente, as mulheres de Burkina tomam pé e se impõem, confrontando todas as concepções falocráticas e retrógradas dos homens. E vai ser assim até que, em Burkina, elas estejam presentes em todo o tecido social e profissional. Nossa revolução, durante seus três anos e meio, trabalhou para a eliminação progressiva das práticas que desvalorizam a mulher, como a prostituição e as práticas correlatas, como a vagabundagem e a delinquência das jovens, o casamento forçado, a circuncisão feminina e as condições de vida particularmente difíceis da mulher.

Ao contribuir para resolver por toda parte o problema da água, contribuindo também para a instalação dos moinhos nos vilarejos, popularizando os fogões melhorados, criando creches populares, praticando a vacinação cotidianamente, incitando à alimentação saudável, abundante e variada, a Revolução contribui sem dúvida alguma para melhorar as condições de vida da mulher de Burkina Faso.

Também, esta deve se envolver ainda mais na aplicação das palavras de ordem anti-imperialistas, na produção e consumo nacionais, afirmando-se sempre como um agente econômico de primeira ordem, produtor e consumidor dos produtos locais.

A Revolução de Agosto fez muito, sem dúvida, pela emancipação da mulher; no entanto, isto está longe de ser satisfatório. Há muito ainda por fazer. Para realizar melhor o que nos resta por fazer, é preciso que estejamos mais conscientes das dificuldades a enfrentar. Os obstáculos e as dificuldades são numerosos. Em primeiro lugar, o analfabetismo e o baixo nível de consciência política, acentuados ainda pela influência grande demais das forças retrógradas em nossas sociedades atrasadas.

Devemos trabalhar com perseverança para vencer estes dois principais obstáculos. Pois enquanto as mulheres não tiverem uma consciência clara do quão justo é o combate político a travar e dos meios a utilizar, nós nos arriscamos a patinar e, finalmente, voltar atrás.

É por isso que a União das Mulheres de Burkina deverá desempenhar plenamente seu papel. As mulheres da UFB devem trabalhar para superar suas próprias insuficiências, para romper com as práticas e o comportamento que sempre foram considerados próprios das mulheres e que infelizmente podemos verificar, ainda, a cada dia nas observações e comportamentos de numerosas mulheres. Trata-se de todas estas mesquinharias como o ciúme, o exibicionismo, as críticas incessantes e gratuitas, negativas e sem princípios, a difamação de umas pelas outras, o subjetivismo à flor da pele, as rivalidades etc... Uma mulher revolucionária deve vencer tais comportamentos que são particularmente acentuados entre as da pequena burguesia. Eles podem comprometer todo o trabalho de grupo, e o combate pela libertação da mulher é um trabalho organizado que necessita da contribuição do conjunto das mulheres.

Juntos devemos sempre cuidar do acesso da mulher ao trabalho. Este trabalho emancipador e libertador que garantirá à mulher a independência econômica, um maior papel social e um conhecimento mais justo e mais completo do mundo.

Nosso entendimento do poder econômico da mulher deve sair da cupidez vulgar e da crassa avidez materialista que fazem de certas mulheres bolsas de valores especuladoras, cofres-fortes ambulantes. São estas mulheres que perdem toda dignidade, todo controle e todo princípio assim que o tilintar das joias se manifesta ou que o som das notas se faz ouvir. Dessas mulheres, há infelizmente algumas que levam homens aos excessos de endividamento, até mesmo à extorsão e corrupção. Estas mulheres são perigosas lamas pegajosas, fétidas, que prejudicam a chama revolucionária de seus esposos ou companheiros militantes. Existem casos tristes em que ardores revolucionários foram extintos e em que o engajamento do marido foi desviado da causa do povo por uma mulher egoísta e mal-humorada, ciumenta e invejosa.

A educação e a emancipação econômica, se não forem bem compreendidas e utilmente orientadas, podem ser fonte de infelicidade para a mulher e, portanto, para a sociedade. Procuradas como amantes, desposadas quando dão sorte, são abandonadas assim que ocorre o pior. O julgamento difundido é impiedoso com elas: a intelectual se "porta mal" e a riquíssima é suspeita. Todas são condenadas ao celibato, o que não seria grave se não fosse a expressão mesma de um ostracismo difuso de toda uma sociedade contra essas pessoas, vítimas inocentes porque ignoram tudo sobre "seu crime e seu delito", frustradas porque cada dia se torna o abafamento de uma afetividade que se transforma em amargura ou em hipocondria. Em muitas mulheres, o conhecimento provocou problemas, e a grande fortuna alimentou muitos infortúnios.

A solução para estes aparentes paradoxos reside na capacidade das mulheres infelizes, instruídas ou ricas, de pôr a serviço de seu povo sua grande instrução, suas grandes riquezas. Elas serão ainda mais apreciadas, até aduladas por tantas pessoas às quais terão proporcionado um pouco de alegria. Como então poderiam se sentir sós nestas condições? Como não conhecer a plenitude sentimental quando souberam fazer do amor de si e do amor por si em amor pelos outros?

Nossas mulheres não devem recuar diante dos combates múltiplos que levam uma mulher a assumir plena, corajosa e orgulhosamente a responsabilidade por si própria, a fim de viver a felicidade de ser ela mesma, e não a sua domesticação pelo homem.

Ainda hoje, para muitas de nossas mulheres, se ocultar por trás de um homem permanece a forma mais segura de enfrentar o "o que vão dizer" opressivo. Elas se casam sem amor e sem alegria de viver, pela única vantagem de ter um bruto, um idiota isolado da vida e das lutas do povo. Muitas vezes, mulheres exigem a independência querendo ao mesmo tempo ser protegidas, ou pior, estar sob o protetorado colonial de um macho. Elas não acreditam que podem viver de outra forma.

Não! Precisamos voltar a dizer a nossas irmãs que o casamento, se não contribui em nada com a sociedade e se não as faz felizes, não é indispensável, e deve inclusive ser evitado. Ao contrário, vamos lhes mostrar a cada dia os exemplos de pioneiras ousadas e intrépidas que, em seu celibato, com ou sem filhos, estão florescendo e radiantes por si só, plenas de riquezas e de disponibilidade para os outros. Elas são até invejadas pelas casadas infelizes pelas simpatias que despertam, pela felicidade que obtêm de sua liberdade, por sua dignidade e sua disponibilidade para servir.

As mulheres provaram suficientemente sua capacidade para manter uma família, educar filhos; em uma palavra, ser responsáveis sem a sujeição tutelar a um homem. A sociedade evoluiu suficientemente para que cesse o banimento injusto da mulher sem marido. Como revolucionários, temos que garantir que o casamento seja uma escolha gratificante, e não essa loteria em que se conhece o começo, mas não o que virá depois. Os sentimentos são nobres demais para virarem brincadeira.

Uma outra dificuldade reside também, sem nenhuma dúvida, na atitude feudal, reacionária e passiva de numerosos homens que continuam, por seu comportamento, a recuar. Eles não aceitam que seja colocado em causa o domínio absoluto sobre a mulher no lar ou na sociedade em geral. Na luta para a edificação da nova sociedade, que é uma luta revolucionária, esses homens, por suas práticas, situam-se do lado da reação e da contrarrevolução. Pois a revolução não poderia acontecer sem a emancipação verdadeira das mulheres.

Devemos, portanto, camaradas militantes, ter clara consciência de todas estas dificuldades para enfrentar melhor os combates que temos pela frente.

A mulher, tal como o homem, possui qualidades, mas também defeitos, e está aí sem dúvida a prova de que a mulher é igual ao homem. Pondo deliberadamente a ênfase nas qualidades da mulher, não temos dela uma visão idealista. Fazemos simplesmente questão de destacar suas qualidades e suas competências que o homem e a sociedade sempre ocultaram para justificar sua exploração e dominação.

Como vamos nos organizar para acelerar o avanço da emancipação?

Nossos meios são parcos, mas nossa ambição é grande. Nossa vontade e nossa firme determinação de avançar não bastam para atingir nosso objetivo. Devemos reunir nossas forças, todas as nossas forças, combiná-las e coordená-las no sentido do êxito de nossa luta. Há mais de duas décadas, fala-se muito de emancipação em nosso país; nos emocionamos muito. Trata-se hoje de abordar a questão da emancipação de maneira abrangente, evitando a fuga das responsabilidades que levaram ao não envolvimento de todas as forças na luta e a fazer desta questão central uma questão marginal, evitando igualmente investidas precipitadas que deixariam para trás aqueles, e principalmente aquelas, que devem estar na linha de frente.

Na esfera governamental, guiada pelas diretrizes do Conselho Nacional da Revolução, será implantado um Plano de Ação coerente em favor das mulheres, implicando o conjunto dos departamentos ministeriais, a fim de situar as responsabilidades de cada um nas missões a curto e médio prazo. Este plano de ação, longe de ser um catálogo de desejos piedosos e outras lamentações, deverá ser o fio condutor da intensificação da ação revolucionária. É no calor da luta que as vitórias importantes e decisivas serão conquistadas.

Este plano de ação deverá ser concebido por nós e para nós. De nossos longos e democráticos debates deverão sair as audaciosas resoluções para concretizar nossa fé na mulher. O que os homens e as mulheres querem para as mulheres? É isso que diremos em nosso Plano de Ação.

O Plano de Ação, pela implicação de todos os departamentos ministeriais, se desvinculará resolutamente da atitude que consiste em marginalizar a questão da mulher e a desresponsabilizar responsáveis que, em suas ações cotidianas, teriam e poderiam ter contribuído de maneira significativa para a resolução da questão. Este novo olhar multidimensional da questão da mulher decorre de nossa análise científica sobre sua origem, sobre suas causas e sua importância no âmbito do nosso projeto de uma sociedade nova, livre de todas as formas de exploração e opressão. Não se trata aqui de implorar a condescendência de seja lá quem for a favor da mulher. Trata-se de exigir, em nome da revolução que veio para dar, e não para tomar, que seja feita justiça às mulheres.

De agora em diante, a ação de cada ministério e de cada comitê de administração ministerial será avaliada em função dos resultados alcançados no quadro da implantação do Plano de Ação, para além dos resultados globais usuais. Para isso, os resultados estatísticos comportarão necessariamente a parte das ações empreendidas que beneficiaram as mulheres ou que a elas diz respeito. A questão da mulher deverá estar permanentemente presente no espírito de todos os que decidem, em todas as fases da concepção e da execução das ações de desenvolvimento. Pois conceber um projeto de desenvolvimento sem a participação da mulher é como se servir de apenas quatro dedos, quando se tem dez. É, portanto, receita para o fracasso.

No nível dos ministérios encarregados da educação, cuidaremos muito particularmente para que o acesso das mulheres à educação seja uma realidade, realidade que constituirá um passo qualitativo para a emancipação. Tanto é verdade que, por toda parte em que as mulheres têm acesso à educação, o caminho para a emancipação se acelerou. Sair da noite da ignorância permite, com efeito, que as mulheres se exprimam, e utilizem as armas do saber para contribuírem com a sociedade. De Burkina Faso, deveriam desaparecer todas as formas ridículas e retrógradas que faziam com que só a escolarização dos meninos fosse vista como importante e rentável, enquanto a das meninas era apenas uma prodigalidade.

A atenção que os pais dedicam às filhas na escola deverá ser igual à que dedicam aos meninos, dos quais tanto se orgulham. Não somente porque as mulheres provaram ser iguais aos homens na escola, quando não são simplesmente melhores, mas sobretudo porque elas têm direito à escola para aprender e saber, para serem livres.

Nas futuras campanhas de alfabetização, as taxas de participação das mulheres deverão ser aumentadas para corresponder a sua importância numérica na população, pois seria uma injustiça grande demais manter uma tão importante fração da população, a metade dela, na ignorância.

Na esfera dos ministérios encarregados do trabalho e justiça, os textos deverão se adaptar constantemente às mudanças pelas quais nossa sociedade atravessa desde 4 de agosto de 1983, a fim de que a igualdade em direitos entre o homem e a mulher seja uma realidade tangível. O novo Código do Trabalho, em vias de elaboração e de debate, deverá ser a expressão das aspirações profundas de nosso povo à justiça social e deverá marcar uma etapa importante na obra de destruição do aparelho neocolonial. Um aparelho de classe que foi moldado e modelado pelos regimes reacionários para eternizar o sistema de opressão das massas populares, e especialmente das mulheres. Como podemos continuar a admitir, que por um mesmo trabalho, a mulher ganhe menos que o homem? Podemos admitir o levirato e o dote, reduzindo nossas irmãs e nossas mães ao *status* de bens vulgares, objetos de negócio? Há tantas e tantas coisas que as leis medievais continuam a impor a nosso povo, às mulheres de nosso povo. É justo que, enfim, a justiça seja feita.

No âmbito dos ministérios encarregados da cultura e da família, uma ênfase especial será posta na chegada de uma nova mentalidade nas relações sociais, em estreita colaboração com a União das Mulheres de Burkina. Na revolução, a mãe e a esposa têm papéis específicos importantes para desempenhar no quadro das transformações revolucionárias. A educação das crianças, a gestão correta dos orçamentos familiares, a prática do planejamento familiar, a criação de um ambiente familiar e o patriotismo são outros tantos aspectos importantes, e devem contribuir eficazmente para o nascimento de uma moral revolucionária e de um estilo de vida anti-imperialista, prelúdio de uma nova sociedade.

A mulher, em seu lar, deverá ter um cuidado especial em participar da melhoria da qualidade de vida. Enquanto natural de Burkina Faso, viver bem é se nutrir bem, é se vestir bem com os produtos burkinabê. Trata-se de manter um ambiente limpo e agradável, pois o impacto deste ambiente nas relações entre os membros de uma mesma família é muito importante. Um ambiente sujo e feio engendra relações de mesma natureza. Basta observar os porcos para convencer-se disso.

Ademais, a transformação das mentalidades seria incompleta se a mulher de novo tipo devesse viver com um homem do tipo antigo. Onde é mais pernicioso e mais determinante o real complexo de superioridade dos homens sobre as mulheres, senão no lar, onde a mãe, cúmplice e culpada, organiza sua progenitura segundo regras sexistas desiguais? São as mulheres que perpetuam o complexo dos sexos, desde o início da educação e da formação do caráter.

Aliás, para que serviria nossos esforços para mobilizar de dia um militante se, de noite, o neófito estaria ao lado de uma mulher reacionária desmobilizadora?

Que dizer das tarefas domésticas, absorventes e embrutecedoras, que tendem à robotização e não deixam nenhum espaço para a reflexão?

É por isso que ações devem ser resolutamente empreendidas junto aos homens e no sentido da implementação, em grande escala, de infraestruturas sociais tais como creches populares e cantinas que permitirão às mulheres participar mais facilmente do debate revolucionário, da ação revolucionária.

A criança que é rejeitada como sua mãe frustrada, ou monopolizada como o orgulho de seu pai, deverá ser uma preocupação para toda a sociedade e deverá beneficiar-se de sua atenção e de sua afeição.

No lar, o homem e a mulher dividirão a partir de agora todas as tarefas domésticas.

O Plano de Ação em favor das mulheres deverá ser um instrumento revolucionário para a mobilização geral de todas as estruturas políticas e administrativas no processo de libertação da mulher. Camaradas militantes, eu lhes repito, a fim de que corresponda às necessidades reais das mulheres, este plano será objeto de debates democráticos em todas as estruturas da UFB.

A UFB é uma organização revolucionária. Sendo assim, é uma escola de democracia popular regida pelos princípios organizativos que são a crítica, a autocrítica e o centralismo democrático. Pretende afastar-se das organizações onde a mistificação tomou o lugar dos objetivos reais. Mas este afastamento só será efetivo e permanente se as militantes da UFB empreenderem uma luta resoluta contra os defeitos que persistem ainda, infelizmente, em certos meios femininos. Pois não se trata de reunir mulheres por uma questão de aparência ou por outros motivos demagógicos eleitorais ou simplesmente culpados.

Trata-se de reunir combatentes para lograr vitórias; trata-se de lutar em ordem e em torno dos programas de atividades decididas democraticamente no seio de seus comitês, no quadro do exercício bem compreendido da autonomia organizacional própria a cada estrutura revolucionária. Cada responsável da UFB deverá ter plena consciência de seu papel, em sua estrutura, a fim de poder ser eficaz na ação. Isso impõe à União das Mulheres de Burkina implementar vastas campanhas de educação política e ideológica de seus responsáveis para o fortalecimento do plano organizacional das estruturas da UFB em todos os níveis.

Camaradas militantes da UFB, sua união, nossa união, deve participar plenamente da luta de classes ao lado das massas populares. As milhões de consciências adormecidas, que despertaram com a chegada da Revolução, representam uma força poderosa. Nós escolhemos em Burkina Faso, em 4 de agosto de 1983, contar com nossas próprias forças, isto é, em grande parte com a força que vocês representam, vocês, as mulheres. Suas energias devem, para ser úteis, estar todas conjugadas no sentido da liquidação da raça dos exploradores, da dominação econômica do imperialismo.

Enquanto estrutura de mobilização, a UFB deverá forjar entre as suas militantes uma consciência política aguda, para um engajamento revolucionário total na realização das diferentes ações empreendidas pelo governo para melhoria das condições da mulher. Camaradas da UFB, são as transformações revolucionárias que vão criar as condições favoráveis a sua libertação. Vocês são duplamente dominadas, pelo imperialismo e pelo homem. Em cada homem dorme um feudal, um falocrata que é preciso destruir. É, portanto, com prontidão que vocês devem aderir às palavras de ordem revolucionárias mais avançadas para acelerar a concretização e avançar ainda mais depressa para a emancipação. É por isso que o Conselho Nacional da Revolução registra com alegria sua participação intensa em todos as grandes empreitadas nacionais e incita-as a ir ainda mais longe para um apoio sempre maior à Revolução de Agosto que é, antes de tudo, a sua.

Participando em massa dos grandes projetos, vocês mostram-se tanto mais merecedoras de participar da repartição das tarefas dentro da sociedade, sendo que esta sempre as quis confinadas em atividades secundárias. Sua aparente fraqueza física é apenas a consequência das normas de vaidade e de gosto que esta mesma sociedade lhes impõe porque vocês são mulheres.

Ao caminhar, nossa sociedade deve abandonar concepções feudais que fazem que a mulher não casada seja marginalizada, sem que percebamos claramente que isto é a tradução da relação de apropriação que quer que cada mulher seja a propriedade de um homem. É assim que as mães solteiras são desprezadas, como se fossem as únicas responsáveis por sua situação, enquanto há sempre um homem culpado. É assim que as mulheres que não têm filhos são oprimidas devido a crenças obsoletas, apesar de existir uma explicação científica para o fato, e este poder ser superado pela ciência.

A sociedade, aliás, impôs às mulheres cânones de vaidade que prejudicam sua integridade física: a excisão, as escarificações, os cortes nos dentes, as perfurações dos lábios e do nariz. A aplicação destas normas de vaidade tem um interesse duvidoso. Elas comprometem até a capacidade da mulher de procriar e sua vida afetiva, no caso da excisão. Outros tipos de mutilações, por menos perigosas que sejam, como furar as orelhas e a tatuagem, não deixam de ser uma expressão do condicionamento da mulher, condicionamento imposto a ela pela sociedade para poder pretender ter um marido.

Camaradas militantes, vocês se cuidam para merecer um homem. Vocês furam as orelhas e trabalham o corpo para serem aceitas pelos homens. Vocês se machucam para que o macho as machuque ainda mais!

Mulheres, minhas camaradas de lutas, é para vocês que eu falo: vocês que são infelizes na cidade e no campo, vocês que se dobram sob o peso dos fardos diversos da exploração ignóbil, "justificada e explicada" no campo; vocês que, na cidade, onde supõe-se que sejam felizes, mas que são no fundo todos os dias mulheres infelizes, esmagadas pelos encargos, porque, levantando cedo, a mulher gira como um pião diante de seu guarda-roupa perguntando-se o que usar, não para se vestir, não para se cobrir contra as intempéries, mas sobretudo, o que usar, para agradar aos homens, pois é obrigada a buscar agradar aos homens a cada dia; vocês, mulheres, na hora do repouso, que vivem a triste atitude daquela que não tem direito a todos os repousos, aquela que é obrigada a racionar, a se impor a continência e a abstinência para manter um corpo conforme a linha que os homens desejam; vocês, que de noite, antes de se deitar, recobertas e maquiadas sob o peso destes numerosos produtos que vocês detestam tanto como nós sabemos, mas que têm o objetivo de esconder uma ruga indiscreta, infeliz, sempre julgada precocemente, uma idade que começa a se manifestar, um peso que chegou cedo demais; ei-las a cada noite obrigadas a se impor uma ou duas horas de ritual para preservar uma vantagem, ritual mal recompensado aliás por um marido desatento; e no dia seguinte recomeçar desde a aurora.

Camaradas militantes, ontem, por meio dos discursos, pela Direção da Mobilização e Organização das Mulheres (DMOF, na sigla em francês) e em aplicação do estatuto geral dos CDRs, o secretariado-geral nacional dos CDRs empreendeu com sucesso a implantação dos comitês, das subseções e das seções da União das Mulheres de Burkina.

O Comissariado Político encarregado da organização e do planejamento terá a missão de completar sua pirâmide organizacional pela implementação do Escritório Nacional da UFB. Não temos necessidade de uma administração de mulheres para gerir burocraticamente suas vidas, nem para falar esporadicamente da vida das mulheres como uma funcionária cautelosa. Temos necessidade daquelas que lutem por saber que sem luta não haverá destruição da antiga ordem e construção da nova ordem. Não buscamos organizar o que existe, mas destruí-lo, substituí-lo.

O Escritório Nacional da UFB deverá ser constituído de militantes convictas e determinadas, cuja disponibilidade não deverá jamais faltar, tamanha a dimensão do trabalho a se realizar. E a luta começa no lar. Estas militantes deverão ter consciência de que elas representam, aos olhos das massas, a imagem da mulher revolucionária emancipada, e deverão comportar-se de acordo.

Camaradas militantes, mudando a ordem clássica das coisas, a experiência prova cada vez mais que só o povo organizado é capaz de exercer o poder democraticamente. A justiça e a igualdade, que são os princípios básicos, permitem à mulher demonstrar que as sociedades erram em não confiar nela no plano político e no plano econômico. Assim, a mulher, exercendo o poder que adquiriu no seio do povo, está em condições de reabilitar todas as mulheres condenadas pela história. Nossa revolução começa uma mudança qualitativa, profunda, de nossa sociedade. Esta mudança deve necessariamente levar em conta as aspirações da mulher de Burkina Faso. A libertação da mulher é uma exigência do futuro, e o futuro, camaradas, é sempre portador de revoluções. Se perdermos o combate pela libertação da mulher, teremos perdido todo o direito de esperar uma transformação positiva superior da sociedade. Nossa revolução não terá mais sentido. E é para este nobre combate que somos todos chamados, homens e mulheres.

Que as nossas mulheres avancem então para a linha de frente! É essencialmente de sua capacidade, de sua sagacidade de lutar e de sua determinação de vencer, que dependerá a vitória final. Que cada mulher saiba formar um homem para atingir os cumes da plenitude. E, para isso, que cada uma de nossas mulheres possa, na imensidão de seus tesouros de afeição e de amor, encontrar a força e o saber para nos encorajar quando avançamos e nos dar dinamismo quando desanimamos. Que cada mulher aconselhe um homem, que cada mulher se comporte como mãe ao lado de cada homem. Vocês nos puseram no mundo, vocês nos educaram e vocês fizeram de nós homens.

Que todas as mulheres, que nos guiaram até o dia de hoje, continuem a exercer e aplicar seu papel de mãe, seu papel de guia. Que todas as mulheres se lembrem do que podem fazer, que se lembrem de que elas são o centro da terra. Que todas as mulheres se lembrem de que estão no mundo e para o mundo, que se lembrem que a primeira a chorar por um homem é uma mulher. Diz-se, e vocês vão se lembrar disso, camaradas, que no momento de morrer, cada homem interpela, com seus últimos suspiros, uma mulher: sua mãe, sua irmã ou sua companheira.

As mulheres têm necessidade dos homens para vencer. E os homens têm necessidade das vitórias das mulheres para vencer. Pois, camaradas mulheres, ao lado de cada homem, há sempre uma mulher. Esta mão da mulher que embalou o filho de um homem é a mesma mão que embalará o mundo inteiro.

Nossas mães nos dão a vida. Nossas mulheres põem no mundo nossos filhos, amamentando-os em seus seios, educando-os e fazendo deles seres responsáveis.

As mulheres garantem a permanência de nosso povo, garantem o futuro da humanidade; as mulheres garantem a continuação de nossa obra; as mulheres garantem o orgulho de cada homem.

Mães, irmãs, companheiras,

Não há homem orgulhoso sem uma mulher a seu lado. Todo homem orgulhoso, todo homem forte, obtém suas energias de uma mulher; a fonte inesgotável da virilidade é a feminilidade. A fonte inesgotável, a chave das vitórias está sempre nas mãos da mulher. É ao lado da mulher, irmã ou companheira, que cada um de nós encontra a honra e a dignidade.

É sempre para perto de uma mulher que cada um de nós volta para buscar o consolo, a coragem, a inspiração para ousar retornar para o combate, para receber o conselho que vai temperar a imprudência e a irresponsabilidade arrogante. É sempre perto de uma mulher que voltamos a ser homens, e cada homem é uma criança para cada mulher. Aquele que não ama a mulher, aquele que não respeita a mulher, aquele que não honra a mulher, despreza sua própria mãe.

Em consequência, aquele que despreza a mulher despreza e destrói o próprio local de onde veio, isto é, suicida-se porque acha que não tem mais razão para existir, por ter saído do seio generoso de uma mulher. Camaradas, ai daqueles que desprezam as mulheres! Assim, para todos os homens daqui e de alhures, a todos os homens de todas as condições, sejam de que estrato forem, que desprezem a mulher, que ignorem e esqueçam o que é a mulher, eu digo: "Vocês golpearam uma rocha, e serão esmagados".

Camaradas, nenhuma revolução, e começando por nossa revolução, será vitoriosa enquanto as mulheres não forem libertadas. Nossa luta, nossa revolução, estará inacabada enquanto compreendermos a libertação como essencialmente a dos homens. Depois da libertação do proletário, falta a libertação da mulher. Camaradas, toda mulher é a mãe de um homem. Eu não gostaria, enquanto homem, enquanto filho, de aconselhar e indicar o caminho a uma mulher. Seria como ter a pretensão de querer aconselhar minha mãe. Mas nós sabemos também que a indulgência e o afeto da mãe consistem em ouvir seu filho, mesmo em seus caprichos, seus sonhos, suas vaidades. E é o que me consola e me autoriza a me dirigir a vocês.

É por isso, camaradas, que nós precisamos de vocês para uma verdadeira libertação de nós todos. Sei que vocês encontrarão sempre a força e o tempo de nos ajudar a salvar nossa sociedade.

Camaradas, não há revolução social verdadeira enquanto a mulher não for libertada. Que jamais meus olhos vejam uma sociedade, que jamais meus passos me transportem para uma sociedade onde a metade do povo é mantida em silêncio. Ouço o ruído deste silêncio das mulheres, pressinto o trovão de sua borrasca, sinto a fúria de sua revolta. E espero e desejo a irrupção fecunda da revolução de que elas traduzirão a força e a rigorosa justeza saídas de suas entranhas de oprimidas.

Camaradas, avante para a conquista do futuro; o futuro é revolucionário; o futuro pertence a quem luta.

Pátria ou morte, venceremos!

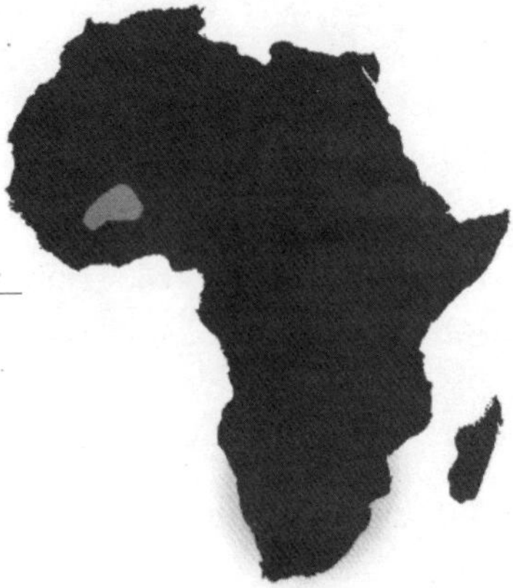

As ideias não se matam[1]
Homenagem a Che Guevara, 8 de outubro de 1987

Nesta manhã, viemos modestamente à solenidade de abertura dessa exposição que procura contar um pouco da vida e da obra do Che. Ao mesmo tempo, queremos hoje dizer ao mundo inteiro que, para nós, Che Guevara não está morto. Pois em cada canto do mundo há focos de luta por mais liberdade, mais dignidade, mais justiça, mais felicidade. Em cada canto do mundo os seres humanos lutam contra a opressão, a dominação, o colonialismo, contra o neocolonialismo e o imperialismo, contra a exploração de classe.

Queridos amigos, hoje nos somamos às vozes de todos aqueles que, pelo mundo afora, recordam a um homem chamado Che Guevara [...], o qual um dia, munido da mais profunda convicção e lealdade, assumiu um compromisso de luta ao lado

---

[1] Discurso proferido em 8 de outubro de 1987 na capital de Burkina Faso, Uagadugu, por ocasião de uma cerimônia em memória do assassinato de Ernesto Guevara de la Serna (1928-1967). O evento contou com a presença de uma delegação cubana, incluindo Camilo Guevara March (1962-2022), filho de Che, e incluiu a inauguração de uma avenida de Uagadugu que recebeu neste dia o nome de "Che Guevara". Thomas Sankara seria assassinado uma semana depois desse que é considerado como um de seus últimos discursos. Traduzido a partir de Sankara, Thomas. *Nous sommes les héritiers des révolutions du monde: Discours de la révolution au Burkina Faso (1983-1987)*. Montréal: Pathfinder, 2001. (N. T.)

de outros homens, e em consequência foi capaz de acender a centelha que tanto incomodou os exércitos de ocupação ao redor do mundo. Somos conscientes do chamado de Che Guevara, que queria acender focos de luta por todas as partes do mundo; por isso, naturalmente queremos afirmar hoje que uma nova era teve início em Burkina Faso, que uma nova realidade está sendo construída em nosso país.

Che Guevara teve a vida ceifada por balas, balas imperialistas sob o céu da Bolívia. E ainda assim dizemos que, para nós, Che Guevara não morreu.

Dentre as belas frases que povoam as lembranças dos grandes revolucionários cubanos, uma costumava ser repetida por seu amigo, companheiro de luta, camarada e irmão, o próprio Fidel Castro. Era uma frase que ele tinha ouvido num dia de luta, na boca de um oficial do [ditador Fulgêncio] Batista, um homem do povo que, mesmo pertencendo àquele Exército reacionário e repressivo, soube estabelecer uma aliança com as forças que estavam lutando em prol do bem-estar do povo cubano. Quando o Assalto ao Quartel Moncada fracassou [em 1953] e os responsáveis tinham de sofrer o castigo, devendo ser fuzilados pelo Exército de Batista, o oficial em questão simplesmente dissera: "Não atirem, as ideias não se matam".

É certo, as ideias não se matam. As ideias não morrem. Por isso Che Guevara, que concentrava em sua própria pessoa ideias revolucionárias e entrega de si, não se encontra morto, porque hoje vocês vieram [desde Cuba] até nós e porque são para nós uma inspiração.

Che Guevara, que era argentino no passaporte, escolheu se tornar cubano ao derramar seu sangue e suor pelo povo cubano. E converteu-se, sobretudo, em cidadão do mundo livre, deste mundo livre que estamos construindo juntos. Por isso dizemos que Che Guevara é também africano e burquinabê.

Che Guevara chamava o seu gorro de "boina". Ele fez com que essa boina estampada com uma estrela se tornasse conhecida por quase toda a África. De norte a sul, a África guarda a memória de Che Guevara.

Uma juventude intrépida, com sede de dignidade e de coragem, uma juventude com sede de ideias e dessa vitalidade que Che Guevara simbolizava na África, procurava-o para "beber na fonte", no manancial revigorante que esse comandante revolucionário representava mundo afora.[2] Deste pequeno grupo de jovens que naquela ocasião tiveram a oportunidade e a honra de estarem próximos ao Che e que ainda estão vivos, alguns estão aqui entre nós hoje.

Che é burquinabê; é burquinabê porque é parte de nossa luta. É burquinabê porque suas ideias nos inspiram e estão inscritas no nosso Discurso de Orientação Política.[3] É burquinabê porque sua estrela está gravada em nosso brasão nacional. É burquinabê

---

[2] Em meados da década de 1960, Che visitou diversos países africanos: Argélia, Mali, Congo-Brazzaville (atual República do Congo), Senegal, Gana, Daomé (atual Brunei), Egito e, finalmente, Tanzânia. Durante essa viagem conheceu líderes importantes, como Agostinho Neto (1922-1977), médico, poeta, líder da independência de Angola e seu futuro presidente, que estava naquele momento no exílio; além de Laurent-Désiré Kabila e Gaston Soumaliot, que conduziam uma guerra civil na República Democrática do Congo (também chamada de Congo-Kinshasa, para diferenciá-la da República do Congo), após o assassinato (orquestrado por Estados Unidos, França e Bélgica) do líder pan-africanista e anticolonialista congolês Patrice Émery Lumumba (1925-1961), primeiro-ministro durante apenas três meses logo após a independência do país. Entre abril e novembro de 1965, junto a mais de uma centena de combatentes cubanos, Che participou do treinamento de guerrilheiros congoleses e de mais de 50 operações de combate. (N. T.)

[3] Discurso transmitido em cadeia nacional de rádio e televisão em 2 de outubro de 1983, considerado um documento fundacional da Revolução Burquinabê. Ver "Discurso de Orientação Política, p. 15-53. (N. T.)

porque parte de suas ideias vive em cada um de nós, na luta cotidiana que travamos.

O Che era um ser humano, mas um ser humano que foi capaz de nos fazer descobrir que podíamos confiar em nós mesmos, que nos educou para ousarmos ter confiança em nossas capacidades. Che está entre nós, junto conosco.

Eu gostaria de poder expressar o que significa o Che. Antes de mais nada, o Che é para nós a força da convicção, da convicção revolucionária, a fé revolucionária no que fazemos, a convicção de que a vitória nos pertence, de que nossa luta é legítima.

O Che significa também humanismo, essa generosidade que se explicita [na prática], essa entrega de si que fez do Che não apenas um combatente argentino, cubano, internacionalista, mas também um ser humano cheio de vida.

Che é também exigência. A exigência de alguém que teve a sorte de nascer em uma família um tanto abastada [...], mas que soube dizer não às tentações do seu meio, que soube virar as costas às comodidades para afirmar-se, ao contrário, como um homem irmanado no combate à miséria alheia. A exigência do Che: eis aí algo que deve nos inspirar mais do que tudo.

É por isso que convicção, humanismo e exigência fazem dele o Che. E aqueles que são capazes de reunir em si mesmos estas virtudes, os que sabem reunir estas qualidades, essa convicção, esse humanismo e essa exigência, podem dizer que são como o Che: homem entre os homens, mas sobretudo revolucionário entre os revolucionários.

Vimos algumas imagens que reconstituem, tanto quanto possível, uma parte da vida do Che. Apesar da força de sua expressão, essas imagens nada dizem sobre a parte mais determinante do homem, aquela que estava sob a mira do imperialismo. As balas miravam muito mais no espírito do Che do que em sua imagem [física]. Sua foto povoa as mentes em toda parte e sua silhueta é uma das mais conhecidas. Busquemos, pois, conhecer melhor ao Che.

Vamos nos acercar ao Che. Cheguemos mais perto dele, não como faríamos com um deus, com essa ideia, essa imagem que paira acima dos humanos; devemos ao contrário nos achegar a ele como a um irmão, que nos fala e com quem também podemos falar. Busquemos fazer com que os revolucionários se inspirem no espírito do Che, para que sejam igualmente internacionalistas, para que se organizem com outros homens convictos que também creem na luta pela transformação, na luta contra o imperialismo, contra o capitalismo.

Quanto a você, camarada Camilo Guevara, certamente não é possível dizer que seja um filho órfão. O Che pertence a nós todos, como patrimônio de todos os revolucionários. De maneira que você não pode se sentir só e abandonado, já que tem em cada um de nós um irmão ou irmã, um amigo e camarada – assim esperamos. Você é um cidadão de Burkina assim como nós, porque vem seguindo firmemente as pegadas do Che, do nosso Che, o pai de nós todos.

Recordemos enfim o Che simplesmente com esse eterno romantismo, essa juventude tão espontânea e tão estimulante, e ao mesmo tempo essa lucidez, essa sabedoria, essa entrega de si mesmo que só os seres humanos mais generosos, só os mais honrados, podem ter. O Che personificava a juventude dos 17 anos; era igualmente a sabedoria dos 77 anos. É esta sábia combinação que precisamos desenvolver continuamente. O Che era o coração que falava e também o braço enérgico e intrépido que agia.

Camaradas, quero agradecer nossos amigos e camaradas cubanos, pelo esforço que fizeram para estar conosco. Quero agradecer a todos que atravessaram milhares de quilômetros, que cruzaram os mares para estar aqui em Burkina Faso com o objetivo de recordar ao Che.

Agradeço também a todos que têm contribuído pessoalmente para fazer com que esse dia não seja simplesmente mais uma data no calendário, mas que seja fundamentalmente *dias*, muitos dias do ano, muitos dias através dos anos e dos séculos, para que viva eternamente o espírito do Che.

Entretanto, cada vez que pensarmos no Che, busquemos ser como ele e dar vida novamente ao ser humano, ao combatente [que ele era]. Sobretudo, cada vez que pensarmos em agir abnegadamente como ele, recusando as posses burguesas que buscam nos alienar, recusando também as vantagens e comodidades; cada vez que assumirmos a educação [política] e a disciplina rigorosa, próprias à ética revolucionária; cada vez que nos esforçarmos para agir dessa maneira, estaremos contribuindo muito mais com os ideais do Che e divulgando-os melhor.

Pátria ou morte! Venceremos!